Retorno à reflexividade

FUNDAÇÃO EDITORA DA UNESP

Presidente do Conselho Curador
Mário Sérgio Vasconcelos

Diretor-Presidente / Publisher
Jézio Hernani Bomfim Gutierre

Superintendente Administrativo e Financeiro
William de Souza Agostinho

Conselho Editorial Acadêmico
Luís Antônio Francisco de Souza
Marcelo dos Santos Pereira
Patricia Porchat Pereira da Silva Knudsen
Paulo Celso Moura
Ricardo D'Elia Matheus
Sandra Aparecida Ferreira
Tatiana Noronha de Souza
Trajano Sardenberg
Valéria dos Santos Guimarães

Editores-Adjuntos
Anderson Nobara
Leandro Rodrigues

Pierre Bourdieu

Retorno à reflexividade

Estabelecimento da edição e introdução
Jérôme Bourdieu e Johan Heilbron

Tradução
Thomaz Kawauche

Título original: *Retour sur la réflexivité*

© 2022 Paris, Éditions de l'École des hautes études en sciences sociales
© 2024 Editora Unesp

Direitos de publicação reservados à:
Fundação Editora da Unesp (FEU)
Praça da Sé, 108
01001-900 – São Paulo – SP
Tel.: (0xx11) 3242-7171
Fax: (0xx11) 3242-7172
www.editoraunesp.com.br
www.livrariaunesp.com.br
atendimento.editora@unesp.br

Dados Internacionais de Catalogação na Publicação (CIP) de acordo com ISBD
Elaborado por Odilio Hilario Moreira Junior - CRB-8/9949

B769r
Bourdieu, Pierre
    Retorno à reflexividade / Pierre Bourdieu; traduzido por Thomaz Kawauche. – São Paulo: Editora Unesp, 2024.

    Tradução de: *Retour sur la réflexivité*

    Inclui bibliografia.
    ISBN: 978-65-5711-236-6

    1. Sociologia. 2. Ciências sociais. 3. Reflexividade. 4. Método sociológico. 5. Pesquisa. 6. Trabalho científico. 7. Teoria da sociologia. 8. Teoria sociológica. I. Kawauche, Thomaz. II. Título.

2024-1918   CDD 300
                                                                              CDU 3

Editora afiliada:

Sumário

Introdução: Da vigilância epistemológica à reflexividade   9
  Jérôme Bourdieu e Johan Heilbron

Nota dos editores franceses   25

Epistemologia e sociologia da sociologia (1967)   27

Reflexividade narcísica e reflexividade científica (1993)   35

Projeto de história social das ciências sociais (1997)   47

A causa da ciência: como a história social das ciências sociais pode servir ao progresso dessas ciências (1995)   77

Referências biobibliográficas: Pierre Bourdieu (1930-2002)   **99**

Um empreendimento de objetivação só é cientificamente controlado na medida da objetivação à qual o sujeito da objetivação é previamente submetido.

Pierre Bourdieu,
Science de la science et réflexivité, 2001

Introdução

Da vigilância epistemológica à reflexividade

A exigência de reflexividade, imposta como princípio incontornável nas ciências humanas e sociais, é uma das maiores contribuições dos trabalhos de Pierre Bourdieu. Embora a prática reflexiva da pesquisa tenha marcado o conjunto de sua obra, o uso da palavra é relativamente tardio. Refletir metodicamente sobre a pesquisa a ser realizada, ou seja, objetivar cientificamente sua própria prática científica, é uma disposição que precedeu, e provavelmente tornou possível, as suas diversas inovações intelectuais, incluindo a sua concepção de reflexividade.

Longe de uma concepção burocrática da pesquisa como aplicação mecânica de métodos padronizados, Bourdieu começa com trabalhos de campo na Argélia em guerra. Essas condições excepcionais são incompatíveis com um trabalho normal de investigação, a menos que tenhamos em vista o empenho específico de um retorno reflexivo sobre tal contexto fora do comum, a fim de considerarmos os seus efeitos no objeto de pesquisa e no próprio pesquisador.

E quando Bourdieu toma como objeto o Béarn, onde nasceu e viveu, ele o faz paradoxalmente segundo a mesma lógica: constitui esse território como espelho da Argélia, um território familiar, porém mutável, em conformidade com uma prática reflexiva que permite o controle dos efeitos exercidos pelo mundo social sobre aquele que o observa. Essa preocupação de objetivar e controlar tanto quanto possível a relação entre o observador e seu objeto também se verifica nos vários estudos que realiza e (co)orienta no Centre de Sociologie Européenne (CSE), onde seu diretor, Raymond Aron, o recruta em 1961.[1]

Para compreendermos o significado da reflexividade em Bourdieu, devemos recuar até os primórdios de sua pesquisa. Seus primeiros questionamentos dizem respeito ao fato de que nada é evidente: nenhuma das condições da pesquisa ordinária é efetivamente atendida. Nessas circunstâncias, os procedimentos habituais da pesquisa etnográfica ou estatística são inaplicáveis na prática. Por outro lado, os métodos de trabalho aprendidos por Bourdieu durante a sua formação em filosofia tampouco poderiam ajudá-lo. O contexto da guerra de independência e as situações extremas de urgência e risco tornam necessária uma "reflexividade permanente e prática", tanto como condição de sobrevivência quanto como método de pesquisa.[2] Isso leva Bourdieu a realizar um empreendimento coletivo: uma equipe de entrevistadores e pesquisadores capazes de se inscrever na realidade argelina de diversos modos. Tal diversidade, que precisa ser coordenada e mobilizada, traz muitas vantagens e, graças a ela, é possível variar os métodos de pesquisa (observações, entrevistas, análises estatísticas) e os recursos acadêmicos (desaparecem os

---

1 Posteriormente, a carreira de Bourdieu se desenvolveu principalmente na sexta seção da École Pratique des Hautes Études (Ephe), hoje École des Hautes Études en Sciences Sociales (Ehess), à qual o CSE se vincula. Bourdieu foi ali eleito diretor de estudos em 1964, tornou-se diretor do CSE em 1969 e permaneceu como membro *cumulant* da Ehess após a sua eleição para o Collège de France em 1981.

2 Bourdieu, *Esquisse pour une auto-analyse*, p.6.

limites entre antropologia, sociologia e economia do trabalho, por exemplo). Todas essas operações científicas e de organização do trabalho são orientadas por uma postura reflexiva que será típica de todos os seus projetos ulteriores. Introduzida de modo notável em *Trabalho e trabalhadores na Argélia* (1963),[3] a abordagem será elaborada e aprofundada nas obras seguintes.

As pesquisas no Béarn, iniciadas em 1959, aparecem como complemento essencial aos trabalhos argelinos então em curso. Elas tratam de agitações sociais de natureza completamente distinta e são produzidas num universo radicalmente diferente, ao qual Bourdieu está intimamente ligado: o do vilarejo de sua infância, que deixou ainda jovem para frequentar o Liceu de Pau. Com enfoque no celibato camponês e na crise enfrentada pelas famílias camponesas, os estudos, reunidos mais tarde em *O baile dos celibatários* (2002), representam um teste de veracidade para essas primeiras experiências de pesquisa e fornecem uma confirmação decisiva para os trabalhos argelinos.[4] Em sua autoanálise, Bourdieu descreve o estudo de Béarn como "operador de uma verdadeira conversão":[5]

> A palavra [conversão] provavelmente não é forte o bastante para designar a transformação, a uma só vez intelectual e afetiva, que me levou da fenomenologia da vida afetiva [tema inicial de seu projeto de tese] [...] para uma prática científica envolvendo uma visão do mundo social ao mesmo tempo mais distanciada e mais realista.[6]

---

3 Id., *Travail et travailleurs en Algérie*, especialmente a introdução, "Statistiques et sociologie" e o prefácio, "Les Conditions d'une science sociale décoloniale" (p.19-29 e p.31-47). A obra resultou de um projeto colaborativo envolvendo três estatísticos do Institut National de la Statistique et des Études Économiques (Insee): Alain Darbel, Jean-Paul Rivet e Claude Seibel. A reedição não contém a parte estatística.

4 Id., *Le Bal des célibataires: crise de la société paysanne en Béarn*.

5 Id., *Esquisse pour une auto-analyse*, op. cit., p.79.

6 Ibid.

Durante esse duplo trabalho inicial, os múltiplos problemas que surgem são enfrentados por Bourdieu não tanto como questões técnicas ou teóricas, nem como problemas éticos ou políticos, mas, em primeiríssimo lugar, de maneira reflexiva. Em *O ofício de sociólogo* (1968), escrito junto com Jean-Claude Chamboredon e Jean-Claude Passeron, tal postura também é chamada de "vigilância epistemológica".[7] Em vez de confiarmos nos instrumentos lógicos, o que é defendido por certos filósofos da ciência, ou na "metodologia" de sociólogos como Paul Lazarsfeld, somos encorajados a objetivar as condições (sociais) de possibilidade da pesquisa, que dependem da posição genérica do pesquisador e das características de sua trajetória social como pessoa. Para tanto, convém que as ferramentas da ciência social sejam empregadas para melhor compreender e dominar a própria pesquisa a ser realizada, seus obstáculos e suas perspectivas, bem como as disposições que os pesquisadores inscrevem na obra sem percebê-las.

Conceber a reflexividade dessa maneira não diz respeito a um exercício de introspecção destinado a superar, do ponto de vista pessoal, uma espécie de falta de conhecimento de si. Talvez seja por isso que Bourdieu, num primeiro momento, prefira falar em "vigilância epistemológica" em vez de "reflexividade", termo que emprega com mais frequência apenas a partir da década de 1980.[8]

A atitude de vigilância epistemológica começa pela necessidade de se livrar da negação ou da ignorância concernentes aos efeitos das características do pesquisador sobre sua atividade: cegueira baseada na ilusória aptidão pessoal para a lucidez. Eis o primeiro obstáculo no caminho da relação com o mundo em que a objetivação sociológica é permitida. Submetendo à análise

---

7 Bourdieu; Chamboredon; Passeron, *Le Métier de sociologue: préalables épistémologiques*, esp. p.96-101 e p.194-9.

8 Gingras, "Réflexivité et sociologie de la connaissance scientifique", em Pinto; Sapiro; Champagne (orgs.), *Pierre Bourdieu, sociologue*, p.337-47.

Retorno à reflexividade

tanto sua pessoa quanto sua experiência singular, o pesquisador não escapará dos vieses de percepção, que são sociais. É ao buscar compreender todos os mecanismos sociais que constroem a pessoa humana, inclusive a crença em sua singularidade individual, que ele pode esperar ter algum controle sobre o efeito que estes podem ter em qualquer tentativa de representação do mundo social.

Tal perspectiva consiste em "objetivar o sujeito da objetivação", ou seja, mobilizar "todos os instrumentos de objetivação disponíveis (levantamento estatístico, observação etnográfica, investigação histórica etc.) para trazer à luz os pressupostos que ele deve à sua própria inclusão no objeto do conhecimento".[9] Esses pressupostos são de três ordens. Em primeiro lugar, os mais acessíveis são aqueles associados a certa posição no espaço público, bem como à trajetória particular percorrida até ali, além de origem social e pertencimento a um gênero. Em seguida, temos aqueles que são constitutivos da *doxa* específica de cada um dos diferentes campos de produção intelectual (religiosa, artística, filosófica etc.) e, mais precisamente, daqueles que cada especialista deve à posição que ocupa em sua área particular. Finalmente, no nível mais profundo, os pressupostos dizem respeito ao *skholè*, ou seja, ao ócio, à distância em relação à necessidade e às urgências do mundo. Condição de existência de todas as áreas de especialização, a *skholè*, bem como a "visão escolástica" que dela resulta, é o que há de mais complicado para se apreender e controlar no caso daqueles que se encontram imersos em universos onde ela se faz evidente.[10]

Não basta afrontar essas três ordens explicitando seus pressupostos a fim de se demonstrar a reflexividade tal como Bourdieu a concebe. Para ele, certamente, isso tem menos a ver com uma tomada de consciência consciente, por mais elaborada que seja,

---

9 Bourdieu, *Méditations pascaliennes*, p.22.

10 Sobre os três níveis de objetivação, ver id., *Science de la science et réflexivité: cours du Collège de France (2000-2001)*, p.183-4.

do que com o esforço para controlar na prática o inconsciente social que cada pessoa carrega, ou seja, os efeitos invisíveis – e difíceis de serem percebidos apenas pela vontade de ser lúcido – dos determinantes sociais que a subjugam. Uma solução para tal problema consiste em fazer variar o alcance dos determinantes, porque não basta conhecer de forma abstrata a existência destes para que seus efeitos possam ser restringidos. A tomada de consciência pode ser libertadora desde que as condições reais da libertação sejam postas a funcionar. Exemplo característico da aplicação concreta da reflexividade é dado quando Bourdieu realiza no Béarn o tipo de entrevista que ele havia conduzido na Argélia. Foi isso que lhe permitiu apreender empiricamente o efeito distância/proximidade decorrente do fato de se estudar uma sociedade estranha/familiar. Esse processo, em particular, encontra-se na base do uso e da análise daquilo que é denominado "informante". Em entrevista, o informante está sempre situado numa encenação de si mesmo e de seu universo, especialmente quando se vê diante de um estranho. Mas, longe de se admitir o seu ponto de vista como palavra evangélica, é preciso questionar a cada oportunidade a posição social daquele que fala e a relação social particular que estabelece com quem o entrevista, a fim de se compreender a parte de verdade que seu discurso contém. Isso também exige atenção no uso de equipamentos, como o gravador ou a câmera fotográfica, bem como na composição social da equipe de pesquisa,[11] e enfim, no conjunto das categorias mentais ou instrumentais que o pesquisador mobiliza para a entrevista e que podem determinar parcialmente os resultados sem que ele perceba isso.

Entre os obstáculos ao conhecimento científico aparece, de forma bastante paradoxal, o próprio fato de se adotar o ponto de vista científico. Este se caracteriza pela exterioridade, sendo

---

11 Para esses exemplos, ver id., *Travail et travailleurs en Algérie*, op. cit., p.36-40.

ainda possível o distanciamento e o recuo no tempo da observação, e é definido pelo afastar-se consciente da lógica da prática. Assim,

> romper com os pressupostos impensados do pensamento pensante, ou seja, com o *viés escolástico*, [leva] o sociólogo e o economista incapazes de se apropriarem de sua experiência pré-reflexiva do mundo [ao estabelecimento de] um argumento de autoridade, aliado ao mito do *Homo œconomicus* e à "teoria da ação racional", na conduta dos agentes econômicos ordinários.[12]

Daí esta injunção contraintuitiva enunciada por Bourdieu:

> Na minha opinião, nada é mais falso do que a máxima universalmente aceita nas ciências sociais, segundo a qual o pesquisador não deve colocar nada de si mesmo em sua pesquisa. Devemos, ao contrário, referirmo-nos constantemente à nossa própria experiência, mas não, como acontece muitas vezes, até mesmo entre os melhores pesquisadores, de maneira envergonhada, inconsciente ou descontrolada.[13]

Numa entrevista tardia, Bourdieu lembra que a reflexividade deve se encarnar nos dispositivos práticos e no uso racional destes:

> Tenho duas coisas importantes a ensinar: 1º) estratégias de organização coletiva do trabalho necessárias para se alcançar a autonomia, que é a condição da prática científica; 2º) a gestão racional do trabalho intelectual. Muitos pesquisadores acreditam, de acordo com uma vasta mitologia, que é preciso conduzir a própria vida como vida de artista. Porém, o pesquisador é muito mais comparável a um atleta de alto nível que deve racionalizar. Há uma higiene esportiva do trabalho intelectual e dela fazem parte a gestão do coletivo, o trabalho coletivo, a organização do coletivo e o equipamento coletivo.[14]

---

12 Id., "L'Objectivation participante", *Actes de la Recherche en Sciences Sociales*, n.150, p.52, 2003.

13 Ibid., p.51.

14 Id., "Secouez un peu vos structures!", em Dubois; Durand; Winkin (orgs.), *Le Symbolique et le social: la réception internationale de la pensée de Pierre Bourdieu*, p.336-7.

Para além da análise sociológica e dos dispositivos práticos, a reflexividade deve ainda ser convertida numa disposição constitutiva do *habitus* científico, ou seja, deve existir como *"reflexividade reflexa*, capaz de agir não *ex post*, no *opus operatum*, mas *a priori*, no *modus operandi*".[15]

***

Neste volume encontram-se reunidos quatro textos relativamente curtos e não muito conhecidos de Bourdieu sobre a reflexividade. Eles nos permitem realçar certos aspectos em grande parte despercebidos de sua prática, dos quais encontraremos um tratamento mais sistemático em *O senso prático* (1980), *Meditações pascalianas* (1997) e *Ciência da ciência e reflexividade* (2001). Esse conjunto, que constitui uma espécie de retorno à questão, inclui dois textos inéditos: um artigo publicado apenas em alemão e uma contribuição para o periódico *Actes de la Recherche en Sciences Sociales* que, no entanto, nunca foi reeditada.

A coletânea se inicia com um inédito de 1967, "Epistemologia e sociologia da sociologia". Trata-se de uma intervenção num debate realizado na Sorbonne sobre o tema "As ciências humanas, para quê? (Formalização e modelos)". Este foi organizado pelo Centre National des Jeunes Scientifiques (CNJS) e por uma efêmera revista, *Porisme* (1966-1967), que divulgou o trabalho do CNJS.[16] Os outros participantes são os matemáticos Marc Barbut e André Régnier, o filósofo Jean-Toussaint Desanti, o psicólogo Pierre Gréco e o linguista Nicolas Ruwet. A conferência proferida

---

15 Id., *Science de la science et réflexivité*, op. cit., p.174.

16 O CNJS foi criado em 1965 por "jovens pesquisadores das ciências exatas, influenciados pelo marxismo, [que] pensam na possibilidade de se engajar à esquerda como pesquisadores, sem seguir o modelo de cientista dos mais velhos" (Quet, "L'Innovation éditoriale des revues de critique des sciences", *Médiamorphoses*, n.esp. "68 et les Médias, quarante ans après", p.226, abr. 2008).

por Bourdieu nessa ocasião faz parte das pesquisas em sociologia das ciências que emergem no CSE e se desenvolvem inicialmente em duas direções: a sociologia da popularização científica e a sociologia da medicina.[17] A pesquisa sobre a divulgação científica é realizada em colaboração com o CNJS.[18]

Essa conferência esboça o programa para uma sociologia das ciências marcada pela recusa de um discurso epistemológico abstrato, envolvendo, nesse caso, a noção de "modelo", que é o tema oficial do debate. Opondo-se a uma epistemologia teórica e filosófica, Bourdieu argumenta de modo a tornar sociológicas as questões epistemológicas. Estendendo suas reflexões sobre as pesquisas, tanto aquelas relativas à Argélia e ao Béarn quanto as desenvolvidas no CSE, sua tomada de posição constitui uma crítica aos grandes discursos epistemológicos dominantes na época, cujo exemplo típico encontra-se nos *Cahiers pour l'Analyse* (1966-1969) dos filósofos – althusserianos, lacanianos e outros – da École Normale Supérieure.[19] Assim como a filosofia neopositivista da ciência, ainda marginal na França, seus trabalhos se interrogam acerca da epistemologia, o método ou a lógica da ciência, porém em um modo teórico que ignora a prática científica e as suas condições sociais então no núcleo do programa esboçado por Bourdieu. O texto escrito quase no mesmo momento por Bourdieu e Passeron sobre a relação entre sociologia e filosofia na França ilustra claramente a "sociologia da sociologia" mencionada pelo primeiro em

---

17 "Política da ciência" é um dos quatro programas do CSE na época; os outros tratam de cultura e educação, alta administração e sociologia econômica: CSE, *Rapport d'activité 1966-1967; Programme de travail 1967-1968.*

18 Boltanski; Maldidier, *La Vulgarisation scientifique et ses agents*; e id., "Carrière scientifique, morale scientifique, et vulgarisation", *Information sur les Sciences Sociales*, v.9, n.3, p.99-118, 1970.

19 A revista (dez volumes entre 1966 e 1969), publicada pelo Cercle d'Épistémologie de l'École Normale Supérieure, está disponível em: <http://cahiers.kingston.ac.uk/>. Acesso em: dez. 2021.

sua conferência – acima de tudo, trata-se, aos seus olhos, de uma ferramenta de vigilância epistemológica.[20]

A reflexão continua com *O ofício de sociólogo* (1968) e *Esboço de uma teoria da prática* (1972). Se seguirmos Bourdieu, Chamboredon e Passeron, devemos submeter a prática científica a um interrogatório que, divergindo da filosofia clássica do conhecimento, não se aplica à "ciência feita, [...] mas à ciência que *está sendo feita*", ou seja, não tanto à lógica da prova, a *ars probandi*, mas à da invenção, a *ars inveniendi*.[21]

Em *Esboço de uma teoria da prática*, Bourdieu explica que "os especialistas em reflexão epistemológica ou metodológica estão condenados a considerar o *opus operatum* mais do que o *modus operandi*, o que implica, além de um certo atraso, um certo viés sistemático". Desviar o olhar para a prática científica efetiva expressa a intenção de "desconcertar tanto aqueles que refletem sobre as ciências humanas sem as praticar como aqueles que as praticam sem refletir".[22]

Os três textos que completam o presente volume datam de um quarto de século depois e foram elaborados numa conjuntura histórica muito diferente da ambiência um tanto quanto científico-filosófica em torno do "estruturalismo" da década de 1960. Nesse meio-tempo, Bourdieu desenvolveu sua análise dos vieses escolásticos e sua teoria da prática em *Esboço de uma teoria da prática* e *O senso prático*. Publicou também o seu artigo fundador do campo científico, "A especificidade do campo científico e as condições sociais do progresso da razão" (1975),[23] que foi reeditado

---

20 Bourdieu; Passeron, "Sociology and Philosophy in France since 1945. Death and Resurrection of a Philosophy without Subject", *Social Research*, v.34, n.1, p.162-212, 1967.

21 Bourdieu; Chamboredon; Passeron, *Le Métier de sociologue*, op. cit., p.93 e 96.

22 Bourdieu, *Esquisse d'une théorie de la pratique*, p.221.

23 Esse texto de Bourdieu teve diferentes versões: "La Spécificité du champ scientifique et les conditions sociales du progrès de la raison", *Sociologie et Sociétés*, v.7, n.1, p.91-118, 1975; "Le Champ scientifique", *Actes de la Re-*

no ano seguinte em uma versão ligeiramente alterada nos *Actes de la Recherche en Sciences Sociales*, periódico recém-lançado no CSE e que pode ser considerado como produto da reflexividade em ato.

Sem evocar todas as etapas da sua reflexão sobre a reflexividade, observa-se que Bourdieu tende a insistir cada vez mais na função socioanalítica da sociologia, incluindo a das ciências: "qualquer empreendimento sociológico verdadeiro é, em seu conjunto, uma socioanálise" que possibilita uma certa liberdade em relação aos determinismos e uma "verdadeira reapropriação de si mesmo".[24] Como aprofundamento dessa concepção aplicada aos universos eruditos, não há dúvida quanto ao papel significativo desempenhado por *Homo academicus* (1984). Para Bourdieu, esse trabalho adquire um estatuto particular, no sentido de que o trabalho de objetivação do campo acadêmico encontra-se acoplado a "um trabalho – no sentido psicanalítico – sobre o tema da objetivação. Não se pode trabalhar tal objeto sem ter sempre em mente que o próprio sujeito da objetivação é objetivado".[25] É esse processo de objetivação original que, de fato, desembocará na *Ciência da ciência e reflexividade* (2001), bem como no *Esboço para uma autoanálise* (2004).

Paralelamente aos seus questionamentos sobre a ciência que está prestes a criar, Bourdieu pensa na pedagogia da pesquisa e na transmissão do saber e do saber-fazer, ou seja, reflete tanto sobre o seminário de pesquisa quanto, a partir de 1982, sobre seus cursos no Collège de France. Ele retorna diversas vezes às dificuldades de transmissão do saber-fazer do ofício de pesquisador. No início da sua atividade docente no Collège de France, recorda que os resultados de seus trabalhos, em graus variados e provisórios,

---

cherche en Sciences Sociales, n.2-3, p.88-104, 1976; e, em versão mais recente, "L'Histoire singulière de la raison scientifique", *Zilsel*, n.4, p.281-319, 2018 (sobre a história desse texto, ver a contribuição de Lamy; Saint-Martin, "La Raison a une histoire", *Zilsel*, n.4, p.273-80, 2018).

24 Bourdieu, *Sociologie générale*, v.1: Cours au Collège de France, 1981-1983, p.15.

25 Bourdieu; Wacquant, *Invitation à la sociologie réflexive*, p.106.

lhe parecem "menos importantes do que uma certa maneira de pensar". O que pretende transmitir não são teses ou teorias, mas, antes, um modo de trabalho e um jeito de pensar, no âmago dos quais estaria localizada a prática da investigação.

Durante esse mesmo período das décadas de 1970 e 1980, a filosofia das ciências, bem como a sociologia das instituições científicas de Robert Merton, foram, em alguma medida, eclipsadas pelos *sciences studies*, que experimentaram forte expansão. Desses estudos emerge uma ambiência relativista e "pós-modernista" que, pouco após a publicação dos textos de Bourdieu aqui reunidos, desembocará no "caso Sokal" (1996) e nas *science wars*.[26]

Assim, o segundo texto deste volume, "Reflexividade narcísica e reflexividade científica" (1993), que só foi publicado em alemão, contrapõe duas concepções de reflexividade. Ele sublinha que a reflexividade tal qual Bourdieu a concebe nada tem a ver com um jogo narcísico durante o qual o estudioso estaria voltado para si mesmo, mas, ao contrário, representa um esforço para mobilizar as ferramentas da ciência social a fim de objetivar o trabalho científico e as condições sociais em que este se realiza.

Os dois textos seguintes, muito diferentes entre si no que se refere à forma, continuam a mesma orientação e estão ligados ao seminário que Bourdieu dedicou à história social das ciências sociais durante dois anos consecutivos (1995-1997), na Ehess. Apresentado como introdução ao segundo ano do seminário, o texto "Projeto de história social das ciências sociais" retoma o tema da reflexividade e, ao mesmo tempo, o ilustra, sendo o seminário desses anos organizado de modo experimental: o número de pessoas inscritas é muito supe-

---

26 Sobre tais desenvolvimentos, ver Gingras, "Un Air de radicalisme. Sur quelques tendances récentes en sociologie de la science et de la technologie", *Actes de la Recherche en Sciences Sociales*, n.108, p.3-17, 1995; Bourdieu, *Science de la science et réflexivité*, op. cit.; Bouveresse, *Prodiges et vertiges de l'analogie*. Sobre a sociologia das ciências, ver Shinn; Ragouet, *Controverses sur la science*; e Gingras, *Sociologie des sciences*.

rior ao habitual e as(os) estudantes estrangeiras(os), em particular, são convidados a apresentar uma reflexão sobre tal história social em seus países de origem.[27] Durante esse segundo ano, Bourdieu envolve também doutorandas(os), ou seja, pesquisadoras e pesquisadores menos avançados, que apresentam pesquisas provisórias, ainda em fase de amadurecimento. Isso não só para romper com a tradição do curso magistral, mas também para aproximar o seminário da situação da pesquisa a ser realizada e tentar oferecer a oportunidade à maioria para "participar de algo que se assemelhe a um grupo de pesquisa". Ciente das dificuldades, Bourdieu está convencido de que o ensino da pesquisa se faz pesquisando, e que a reflexividade é uma arma "contra os condicionamentos sociais, sejam eles provenientes de estruturas ou de disposições, sejam eles provenientes do aspecto objetivado ou do aspecto incorporado da instituição". Uma das funções do seminário é, portanto, propiciar a todos a liberdade de "lançar um olhar sobre o que vocês são e sobre o que vocês fazem, de tal forma a abrir possibilidades que se encontram fechadas".

Divergindo dessa intervenção oral, semi-improvisada, distinta da oralidade mais elaborada dos cursos no Collège de France, o texto final, "A causa da ciência. Como a história social das ciências sociais pode servir ao progresso dessas ciências", foi formatado e redigido para publicação. Ele serve de introdução aos dois números temáticos da revista *Actes de la Recherche en Sciences Sociales* dedicados à "História social das ciências sociais",[28] e pode ser lido, num primeiro momento, como uma tomada de posição apaixonada pela ciência num período de retrocesso na política e atmosfera marcada pelo relativismo; porém, mais fundamentalmente do que isso, ele explicita uma das ferramentas privilegiadas de reflexividade, que é a história social das práticas científicas. Embora esse texto consista

---

27 Para a pedagogia da pesquisa, ver Bourdieu, "Les Moyens de la sociologie réflexive", em Bourdieu; Wacquant, *Invitation à la sociologie réflexive*, op. cit.

28 Números temáticos "Histoire sociale des sciences sociales", *Actes de la Recherche en Sciences Sociales*, n.106-7 e n.108, 1995.

na elaboração de um aspecto dos procedimentos sociológicos propostos em 1967, ele também pode ser lido como uma crítica à postura historicista que muito se desenvolveu ao se opor ao presentismo. Tal abordagem corre o risco de abandonar a reflexividade com a recusa de se interrogar acerca do sentido contemporâneo dos trabalhos sócio-históricos concernentes à ciência. Em paralelo aos demais textos de Bourdieu sobre o mesmo tema, este volume lembra assim o programa – às vezes mal compreendido e, de todo modo, pouco praticado – de uma ciência social reflexiva.

Jérôme Bourdieu e Johan Heilbron

Referências bibliográficas

BOLTANSKI, Luc; MALDIDIER, Pascale. *La Vulgarisation scientifique et ses agents*. Paris: CSE, 1969. (datilogr.)
_____; _____. Carrière scientifique, morale scientifique, et vulgarisation. *Information sur les Sciences Sociales*, v.9, n.3, p.99-118, 1970.
BOURDIEU, Pierre. *Le Bal des célibataires*: crise de la société paysanne en Béarn. Paris: Seuil, 2015 [2002]. [Ed. bras.: *O baile dos celibatários*: crise da sociedade camponesa no Béarn. Trad. Carolina Pulici. São Paulo: Ed. Unifesp, 2021.]
_____. Le Champ scientifique. *Actes de la Recherche en Sciences Sociales*, n.2-3, p.88-104, 1976. [Ed. bras.: O campo científico. Trad. Paula Montero. In: ORTIZ, Renato (org.). *Pierre Bourdieu*: sociologia. São Paulo: Ática, 1983.]
_____. *Esquisse d'une théorie de la pratique*. Préc. de *Trois études d'ethnologie kabyle*. Paris: Seuil, 2000 [1972]. [Ed. bras.: *Esboço de uma teoria da prática*. Preced. de *Três estudos de etnologia cabila*. Trad. Miguel Serras Pereira. São Paulo: Celta, 2002.]

BOURDIEU, Pierre. *Esquisse pour une auto-analyse*. Paris: Raisons d'Agir, 2004. [Ed. bras.: *Esboço de autoanálise*. Trad. Sergio Miceli. São Paulo: Companhia das Letras, 2005.]

_____. L'Histoire singulière de la raison scientifique. *Zilsel*, n.4, p.281-319, 2018.

_____. *Méditations pascaliennes*. Paris: Seuil, 1997. [Ed. bras.: *Meditações pascalianas*. Trad. Sergio Miceli. Rio de Janeiro: Bertrand Brasil, 2001.]

_____. Les Moyens de la sociologie réflexive. In: _____; WACQUANT, Loïc. *Invitation à la sociologie réflexive*. Paris: Seuil, 2014.

_____. L'Objectivation participante. *Actes de la Recherche en Sciences Sociales*, n.150, p.43-58, 2003.

_____. La Spécificité du champ scientifique et les conditions sociales du progrès de la raison. *Sociologie et Sociétés*, v.7, n.1, p.91-118, 1975.

_____. *Science de la science et réflexivité*: cours du Collège de France (2000-2001). Paris: Raisons d'Agir, 2001.

_____. Secouez un peu vos structures! In: DUBOIS, Jacques; DURAND, Pascal; WINKIN, Yves (orgs.). *Le Symbolique et le social*: la réception internationale de la pensée de Pierre Bourdieu. Liège: Presses Universitaires de Liège, 2005.

_____. *Sociologie générale*. v.1: Cours au Collège de France, 1981-1983. Org. Patrick Champagne et al. Paris: Raisons d'Agir; Seuil, 2015.

_____. *Travail et travailleurs en Algérie*. Org. Amín Pérez e Tassadit Yacine. Paris: Raisons d'Agir, 2021 [1963].

_____; CHAMBOREDON, Jean-Claude; PASSERON, Jean-Claude. *Le Métier de sociologue*: préalables épistémologiques. Org. Paul Pasquali. Paris: Éditions de L'Ehess, 2021 [1968]. [Ed. bras.: *Ofício de sociólogo*: metodologia da pesquisa na sociologia.

4.ed. Trad. Guilherme João de Freitas Teixeira. Petrópolis: Vozes, 2004.]

BOURDIEU, Pierre; PASSERON, Jean-Claude. Sociology and Philosophy in France since 1945. Death and Resurrection of a Philosophy without Subject. *Social Research*, v.34, n.1, p.162-212, 1967.

_____; WACQUANT, Loïc. *Invitation à la sociologie réflexive*. Org. Étienne Ollion. Paris: Seuil, 2014.

BOUVERESSE, Jacques. *Prodiges et vertiges de l'analogie*: de l'abus des belles-lettres dans la pensée. Paris: Raisons d'Agir, 1999.

CENTRE DE SOCIOLOGIE EUROPÉENNE (CSE). *Rapport d'activité 1966-1967; Programme de travail 1967-1968*. Paris: Archives du CSE, 1º jul. 1967. (datilog.)

GINGRAS, Yves. Réflexivité et sociologie de la connaissance scientifique. In: PINTO, Louis; SAPIRO, Gisèle; CHAMPAGNE, Patrick (orgs.). *Pierre Bourdieu, sociologue*. Paris: Fayard, 2004.

_____. Un Air de radicalisme. Sur quelques tendances récentes en sociologie de la science et de la technologie. *Actes de la Recherche en Sciences Sociales*, n.108, p.3-17, 1995.

_____. *Sociologie des sciences*. Paris: Presses Universitaires de France, 2013.

LAMY, Jérôme; SAINT-MARTIN, Arnaud. La Raison a une histoire. *Zilsel*, n.4, p.273-80, 2018.

QUET, Mathieu. L'Innovation éditoriale des revues de critique des sciences. *Médiamorphoses*, n.esp. "68 et les médias, quarante ans après", p.225-30, abr. 2008.

SHINN, Terry; RAGOUET, Pascal. *Controverses sur la science*: pour une sociologie transversaliste de l'activité scientifique. Paris: Raisons d'Agir, 2005.

Nota dos editores franceses

Para orientar a leitura, os primeiros nomes dos autores mencionados foram inseridos na primeira ocorrência. Em alguns lugares, a pontuação e a tipografia sofreram ligeiros ajustes a fim de se melhorar a legibilidade do texto. Foram feitas algumas correções – assinaladas entre colchetes – necessárias à boa compreensão do texto. Todas as notas de rodapé foram acrescentadas pelos editores deste volume, exceto no último texto, publicado e anotado pelo próprio Pierre Bourdieu, em que as notas adicionais foram indicadas com (N. E.).

O primeiro texto, "Epistemologia e sociologia da sociologia (1967)", é a transcrição da intervenção de Bourdieu no debate "As ciências humanas, para quê? (Formalização e modelos)", que aconteceu em Paris, no anfiteatro Descartes da Sorbonne em 26 de maio de 1967. Organizado conjuntamente pela revista *Porisme* (1966-1967) e pelo Centre National des Jeunes Scientifiques (CNJS), o evento reuniu Marc Barbut (matemático), Jean-Toussaint Desanti (filósofo), Pierre Gréco (psicólogo), André Régnier (matemático) e Nicolas Ruwet (linguista). Fonte do texto:

Archives Pierre Bourdieu, dossiê provisoriamente classificado em "Colóquios/Reuniões 1965-1967".

O segundo texto, "Reflexividade narcísica e reflexividade científica (1993)", foi publicado em alemão sob o título "Narzißtische Reflexivität und wissenschaftliche Reflexivität", traduzido para o alemão por Daniel Devoucoux, em Eberhard Berg e Martin Fuchs (orgs.), *Kultur, soziale Praxis, Text: Die Krise der ethnographischen Repräsentation* (Frankfurt am Main: Suhrkamp, 1993, p.365-74). O texto é dedicado a Loïc Wacquant, colaborador de Bourdieu, professor de sociologia na Universidade da Califórnia em Berkeley e coautor da obra *Invitation à la sociologie réflexive*, editada por Étienne Ollion (Paris: Seuil, 2014). Fonte do texto: Archives Pierre Bourdieu, manuscrito inédito.

O terceiro texto, "Projeto de história social das ciências sociais (1997)", é a introdução proferida por Bourdieu para o segundo ano do seu seminário intitulado "História social das ciências sociais" (1995-1997) na École des Hautes Études en Sciences Sociales (Ehess). Fonte do texto: Archives Pierre Bourdieu, manuscrito inédito.

O quarto e último texto, "A causa da ciência. Como a história social das ciências sociais pode servir ao progresso dessas ciências (1995)", serviu de introdução a dois números temáticos do periódico *Actes de la Recherche en Sciences Sociales* dedicados à "História social das ciências sociais" (n.106-7, p.3-10). Ali são retomados alguns dos temas de uma comunicação apresentada em 1989 no colóquio de Chicago sobre "Teoria social e questões emergentes numa sociedade em mudança", que foi publicada com o título "Epílogo. Sobre a possibilidade de um campo da sociologia mundial" em Pierre Bourdieu e James S. Coleman (org.), *Social Theory for a Changing Society* (Boulder; Nova York: Westview Press; Russell Sage Foundation, 1991, p.373-87).

Epistemologia e sociologia da sociologia (1967)

Jean-Toussaint Desanti: Muito obrigado. Agora falta ouvir Bourdieu, a quem passo a palavra.

Pierre Bourdieu: Não tive, de forma nenhuma, a intenção de falar de modelo e, como Pierre Gréco[1] acaba de dizer mais ou menos o que eu teria dito se tivesse concordado em falar sobre o assunto, reitero minha intenção. Eu gostaria de tentar expor, muito rapidamente, não o problema epistemológico do modelo em sociologia, mas, mais precisamente, a questão sociológica das condições em que a questão dos modelos surge na sociologia, a

---

1 Pierre Gréco (1927-1988), *normalien* e *agrégé* de filosofia, foi assistente de Jean Piaget quando este ministrou cursos de psicologia na Sorbonne entre 1952 e 1962. Participou das pesquisas do Centre International d'Épistémologie Génétique (1955-1985) de Piaget em Genebra e dedicou-se, a partir de meados da década de 1960, ao ensino na sexta seção da École Pratique des Hautes Études (Ephe). Ali, foi secretário do programa de Enseignement Préparatoire à la Recherche Approfondie en Sciences Sociales (Eprass), do qual participaram Pierre Bourdieu e Jean-Claude Passeron, e assim se constituiu o principal contexto para a escrita de *O ofício de sociólogo* (1968).

fim de tentar mostrar que a sociologia contém internamente o poder de refletir sobre si mesma e, em particular, de refletir sobre sua própria cientificidade. Faço isso [...] com muitas segundas intenções. Acredito, de fato, que a situação particular da sociologia, e mais precisamente a situação da sociologia em relação às ciências da natureza e aos métodos que elas propõem é tal que diversas fantasmagorias de aspecto científico, às quais certos sociólogos se entregam, são o produto da relação – vivida na doença ou no mal-estar – que a sociologia e, [...] de modo mais geral, as ciências humanas mantêm com as ciências da natureza.

Parece-me que não podemos, no estado de coisas atual, refletir sobre problemas específicos estabelecidos pela epistemologia das ciências humanas sem refletir sobre as condições sociais em que esses problemas epistemológicos se colocam. E, ao mesmo tempo, eu gostaria de tentar mostrar, ou melhor, indicar como um certo número de reflexões epistemológicas tradicionais, elaboradas essencialmente em relação às ciências da natureza, podem ser potencializadas no seu alcance e em sua extensão, com a condição de as restituirmos a um contexto propriamente sociológico. Recordarei apenas o que Gréco disse no início, quando descreveu *grosso modo* as três principais posições que os sociólogos ou psicólogos assumem, mais frequentemente de modo implícito do que explícito, em relação ao problema da teoria; tais posições podem, como sugeriu Gaston Bachelard, ser agrupadas em pares de posições simétricas em relação a uma posição epistemológica central, que se caracteriza principalmente pela superação dessas oposições, na maioria das vezes fictícias.[2] No estado de coisas atual, a sociologia é muitas vezes [dividida] em grupos sociais que se organizam ao redor de divisões epistemológicas. Isso significa que as oposições entre formalismo e positivismo, ou entre filosofia social e hiperempirismo cego, o que o epistemólogo pode descrever como pares de posições complementares e opostas,

---

2 Bachelard, *Le Rationalisme appliqué*, p.4-11.

são, na verdade, apoiadas por grupos que ocupam posições determinadas num campo intelectual em cujo interior elas se tornam posições sociais.

Parece-me, portanto, que é em referência à estrutura de um certo campo epistemológico num determinado momento que as oposições [...] (e aí encontraríamos o problema dos modelos ou, mais precisamente, o problema da relação entre os sociólogos e os modelos) assumem o seu significado real. Por exemplo, penso que, na [conjuntura] atual, é impossível compreender a situação epistemológica das ciências humanas sem ver o papel que a imagem ao mesmo tempo mutilada e mutiladora, pavorosa e fascinante, desempenha na prática propriamente sociológica das ciências da natureza. Foi dito anteriormente, com toda a razão, que os praticantes das ciências humanas se beneficiariam muito se mergulhassem no espírito dos procedimentos lógicos ou matemáticos em vez de o fazerem nas técnicas mais externas e mais mecânicas.

Na verdade, as relações entre as ciências humanas e as ciências da natureza podem ser descritas segundo uma lógica que a sociologia dos contatos entre civilizações conhece muito bem: por conta da dualidade de formação mencionada por Marc Barbut, os sociólogos, na maioria dos casos, são formados como literatos e percebem as ciências da natureza com base em leis do *empréstimo cultural*, ou seja, percebem a forma mais do que a função, os sinais externos das operações mais do que o espírito que as realiza, de modo que eles reproduzem mecanicamente o que há de mais mecânico nas operações. Poderíamos tomar o exemplo da estatística, que [compreende] toda uma epistemologia: bastaria refletir sobre o que é realizar um cálculo de erro ou um teste de significância etc., para observar que a utilização dessas técnicas, por menor que seja, pressupõe uma consciência epistemológica extremamente aguda, uma consciência epistemológica que está, de alguma forma, adormecida pela lógica do empréstimo. Os etnólogos têm descrito frequentemente o que chamam de *nativistic movements*, ou seja, tipos de ritos de revivificação, cujo exemplo mais famoso é o "culto à carga".[3] Vários trabalhos de sociólogos com aparência científica ilustram admiravelmente o paradigma do culto à carga.

De tudo isso decorre uma consequência fundamental: quando refletimos sobre o atual estado do desenvolvimento das ciências humanas, quando nos perguntamos se a sociologia é uma ciência, referimo-nos a um esquema evolucionista extremamente simplista segundo o qual todas as ciências passariam sucessivamente pelas mesmas etapas, o que leva à ideia da sociologia como uma ciência iniciante. Proposição absurda devido a um simples fato: as ciências humanas jamais repetiram o caminho percorrido pelas outras ciências, alegando para isso o bom motivo de que conheciam esse caminho, de tal maneira que a maior parte de seus erros teria origem em uma falsa imagem do percurso das outras ciências.

Desenvolveu-se entre os sociólogos uma categoria de profissionais da reflexão metodológica. Por intermédio destes, a imagem ao mesmo tempo grandiosa e aterrorizante das ciências da natureza corre o risco de sofrer aquilo que um lógico americano chamou de "efeito de fechamento": ao apresentar uma imagem da ciência como um ideal que deve ser imediatamente realizado, imagem esta que certas áreas das ciências da natureza, nomeadamente as mais formalizadas, mal conseguem [concretizar], corre-se o risco de produzir algo como um efeito prematuro de fechamento ou, ao contrário, provocar construções fictícias que terão apenas os sinais externos mais caricaturados das ciências da natureza.

Nesses termos, não poderá a sociologia dotar-se dos instrumentos que lhe permitiriam não tanto responder à questão da

---

3 O "culto à carga" é um conjunto de crenças e ritos observados pela primeira vez por etnólogos entre os aborígines da Melanésia, e consiste em imitar os operadores de rádio americanos e japoneses que encomendavam suprimentos, na esperança de receber também carregamentos repletos de mercadorias ocidentais.

sua cientificidade, mas, mais concretamente, ajudar-se de alguma forma a avançar em direção ao sentido da cientificidade? Se é verdade que as posições epistemológicas estão ligadas às posições ocupadas num determinado campo intelectual, penso que a sociologia da sociologia ou, mais precisamente, a sociologia das condições sociais de produção das ciências sociológicas, é uma das condições fundamentais do progresso do conhecimento sociológico. Exemplo disso são os vários conflitos epistemológicos que podem ser compreendidos a partir de uma análise das condições em que os pesquisadores de sociologia são recrutados: enquanto os sociólogos não receberem formação matemática suficiente para se protegerem de certos fascínios, veremos coexistir uma sociologia intuicionista e fantástica ao lado de um formalismo não menos fantástico.

Seria também fácil mostrar que um certo tipo de organização social do trabalho intelectual gera um certo tipo de epistemologia. Por exemplo, a divisão burocrática do trabalho, que [divide] a equipe científica entre aqueles que concebem as hipóteses e aqueles que recorrem às classificações ou leem as tabelas, está ligada a uma divisão epistemológica entre formalismo e hiperempirismo.

Penso que esses são fatos sobre os quais a sociologia se apoiou para que pudéssemos não apenas dar conta de um certo tipo de situação do conflito epistemológico, mas também perceber como uma análise de tal situação pode fazer progredir, ao mesmo tempo, tanto a consciência epistemológica dos pesquisadores quanto a relação que estes mantêm com todas as técnicas e, em particular, com os modelos.

A sociologia poderia ir ainda mais longe, buscando analisar, por exemplo, a afinidade que pode existir entre uma posição epistemológica [e uma posição social]: [esses pontos de vista] sobre o problema do determinismo nas ciências humanas provavelmente não estão distribuídos ao acaso, [mas] de acordo com a inserção social dos pesquisadores, de acordo com a origem social deles etc.

Quanto ao problema do modelo (porque ainda quero falar um pouco sobre ele), gostaria apenas de mostrar, a título de exemplo, como determinada situação do meio sociológico gera uma relação infeliz no que diz respeito a todas as maneiras de formalização. Os metodologistas com mãos puras – tão puras quanto isso é possível às mãos – satisfazem-se com a impecabilidade, ou melhor, com a impecabilidade culpabilizante. As condições sociais favorecem uma relação com modelos; relação essa totalmente oposta à descrita por Gréco, na medida em que levam os sociólogos preocupados em "fazer ciência" a serem atraídos por todos os métodos "chiques", como análise componencial ou teoria dos grafos. Por mais que os instrumentos de controle lógico, e em particular o modelo, sejam – parece-me – insubstituíveis como auxiliares da vigilância epistemológica, eles também me parecem perigosos numa situação em que a sua função é, quase sempre, adormecer a vigilância epistemológica.

Se ainda concordo com Gréco em rejeitar o problema da especificidade das ciências humanas, creio que devemos insistir no da especificidade da relação que as ciências sociais mantêm com as condições sociais em que são exercidas. O sociólogo deve particularmente [redobrar] a vigilância para se defender contra todas as persuasões clandestinas, contra todas as formas de impregnação, contra a sociologia espontânea que é o obstáculo epistemológico por excelência para as ciências humanas, e não vejo outra defesa real, no estado atual das coisas, além da sociologia da sociologia. Não que eu pense que a sociologia da sociologia, ou a "socioanálise", que o próprio pesquisador poderia praticar, seja suficiente para protegê-lo definitivamente contra todas as seduções da moda e do *mood* intelectuais de sua época. Penso simplesmente que devemos instaurar as condições para uma socioanálise coletiva, podendo cada pesquisador realizar tão somente, ainda que apenas de modo ilusório, a sociologia da sua própria sociologia e as condições sociais capazes de inspirar nela os seus pressupostos fundamentais. Para ir além de uma "autossocioanálise", cujo

Retorno à reflexividade

risco é o de ser somente mais um jeito de se colocar num estado de impecabilidade para satisfazer-se denunciando a culpa dos outros, devemos [estabelecer] um universo científico no qual uma troca generalizada de críticas possa ser instaurada. E, para empregar uma metáfora "chique" do tipo que denunciei, eu diria que, na troca restrita de críticas entre adversários cúmplices – uma troca que, tal como a troca restrita de mulheres, é fracamente integrativa –, devemos substituir pela troca: A que critica B que critica C que critica N que critica A. Em relação ao mundo que conhecemos bem, o das polêmicas rituais entre grandes teóricos, algo totalmente oposto seria uma comunidade científica sujeita à crítica generalizada, dotada de instituições nas quais a crítica se organiza (sociedades eruditas, revistas etc.).

Assim, para progredir de modo decisivo, a sociologia deve talvez encontrar em si mesma as armas de seu progresso, em vez de buscá-las a todo custo nas ciências mais avançadas que, em última análise, não lhe oferecem as verdadeiras soluções para os seus verdadeiros problemas. E enquanto as condições sociais para a prática científica não forem concretizadas, qualquer "efeito de demonstração" – para empregar novamente o vocabulário dos etnólogos – corre o risco de terminar em produções que mantêm relação mimética ante os modelos que pretendem imitar. Em última análise, a sociologia deve alcançar a sua autonomia intelectual porque, mais do que qualquer outra ciência, está exposta a demandas externas – demandas daqueles que solicitam inquéritos e que, através de pressões financeiras, por exemplo, podem orientar a pesquisa; demandas da agenda ideológica atmosférica, seja no caso de grupos dominantes ou dos grupos intelectuais mais familiares –, sendo as mais perigosas não necessariamente aquelas em que comumente acreditamos. Essa vulnerabilidade particular da sociologia requer armas específicas: é por isso que tenho ouvido pessoas recusarem-se a falar sobre o problema dos modelos, não porque tal problema me pareça totalmente desprovido de interesse, mas porque, no estado atual do debate científico e da ciência sociológica, ele poderia ter a função de ocultar o que me parece ser o verdadeiro problema. Bachelard disse que qualquer discurso sobre método é um discurso de circunstância.[4] Um discurso epistemológico, quando se trata de sociologia, não pode ser um discurso atemporal: deve referir-se a uma determinada situação social para priorizar as urgências, sem esquecer que, em [tal] situação social, os obstáculos epistemológicos têm forças relativas que não decorrem apenas de uma lógica propriamente sociológica. Assim, para ilustrar esta última proposição, poderíamos simplesmente mostrar que, no estado atual das coisas, a sociologia deve enfrentar dois grandes obstáculos, ao mesmo tempo opostos e complementares: o perigo do formalismo, para onde as discussões sobre o modelo ameaçam nos conduzir, e o perigo do empirismo cego.

Referências bibliográficas

BACHELARD, Gaston. *Le Nouvel esprit scientifique*. Paris: Félix Alcan, 1934. [Ed. port.: *O novo espírito científico*. Lisboa: Edições 70, 1986.]

_____. *Le Rationalisme appliqué*. Paris: Presses Universitaires de France, 1949. [Ed. bras.: *O racionalismo aplicado*. Rio de Janeiro: Zahar, 1977.]

---

4 "Todo pensamento científico deve mudar diante de uma nova experiência; um discurso sobre o método científico será sempre um discurso de circunstância [...]" (Bachelard, *Le Nouvel esprit scientifique*, p.139).

Reflexividade narcísica e reflexividade científica (1993)

Para Loïc Wacquant

Até há pouco tempo, era raro que os pesquisadores das ciências sociais estivessem predispostos a uma reflexão verdadeira sobre a sua prática. E isto, em particular, nas tradições dominantes dos etnólogos ingleses (com algumas exceções célebres, como Bronisław Malinowski) e dos sociólogos americanos. Essa *certitudo sui* positivista encontra-se hoje em perigo de extinção. Tal como os organismos [com] defesas imunológicas enfraquecidas, o corpo dos pesquisadores anglo-saxões parece estar [agora] perto de sucumbir à epidemia de reflexividade selvagem que o atacou. É por isso que, não sendo suspeito de cumplicidade com a fé científica, acredito ser necessário recordar o que me parece ser o verdadeiro objetivo da intenção de reflexividade e os efeitos propriamente científicos que podemos esperar desse retorno científico sobre a prática científica.

* * *

Não sendo possível proceder a um exame sistemático de todas as análises que reivindicam a reflexividade, contentar-me-ei em caracterizar a posição que defendo, situando-a rapidamente em relação a um certo número de posições que me parecem ser as mais típicas. O retorno sobre si mesmo exigido pelo método reflexivo, a meu ver, vai muito além da exigência do "ponto de vista egológico", como dizem Wes Sharrock e Bob Anderson,[1] defendido pela etnometodologia ou pela reflexividade concebida por Alvin Gouldner. Não basta explicitar a "experiência vivida" do sujeito cognoscente; é preciso objetivar as condições sociais de possibilidade dessa experiência e, mais exatamente, do ato de objetivação. Para Gouldner, a objetividade continua a ser um programa bastante vago, que nunca foi realmente implementado. O que se trata de objetivar não é *apenas* o pesquisador em sua particularidade biográfica, nem tampouco o *Zeitgeist* intelectual que inspira seu trabalho (segundo a abordagem de Gouldner em sua análise de Talcott Parsons),[2] mas a posição que ele ocupa no interior do espaço universitário e os "vieses" inscritos na estrutura organizacional da disciplina, ou seja, em toda a história coletiva da especialidade considerada: penso sobretudo nos *pressupostos* inconscientes que estão inscritos nas teorias, nos problemas, nas categorias ([em particular] nacionais) do entendimento erudito. O que leva a fazer do próprio campo científico o *sujeito* e o *objeto* da análise reflexiva.

Isto posto, nem preciso escrever que tenho pouquíssima simpatia pela *diary disease*, como diz Clifford Geertz,[3] uma explosão de narcisismo que se segue após longos anos de repressão positivista: a verdadeira reflexividade não consiste em ceder, *post festum*, a reflexões sobre o trabalho de campo; tem pouco em comum com a "reflexividade textual", com as análises falsamente sofisticadas do "processo hermenêutico de interpretação cultural" e com a construção da realidade através do registro etnográfico.

---

1 Sharrock; Anderson, *The Ethnomethodologists*, p.35 e 106.
2 Gouldner, *The Coming Crisis of Western Sociology*.
3 Geertz, *Works and Lives: The Anthropologist as Author*, p.89.

Chego a acreditar que ela se opõe completamente, na sua intenção profunda, a uma observação do observador que, como acontece com George Marcus e Michael Fischer ou com Renato Rosaldo[4] e, até mesmo, com Clifford Geertz, tende a substituir os encantos da observação de si mesmo, em última análise mais fácil e mais gratificante, pelos confrontos com as duras realidades do "campo". Quando ela se torna um *fim em si*, em vez de se orientar para refinar e fortalecer os instrumentos de conhecimento, essa denúncia falsamente radical da escrita etnográfica como "poética e política", segundo o título de James Clifford e George Marcus,[5] conduz necessariamente ao "ceticismo interpretativo", nas palavras de Steve Woolgar,[6] quando não ao niilismo (como ocorre, aliás, com as diferentes formas do chamado programa "forte" em sociologia da ciência).

Quanto à etnometodologia, aprovo com ainda mais sinceridade o projeto em que se propõe a explicação das *folk theories* [implementadas] na sua prática por agentes sociais baseados, por um lado, em fontes comuns (sobretudo Edmund Husserl e Alfred Schütz, e também a tradição da antropologia cognitiva ligada à análise das formas primitivas de classificação), e, por outro, nas reflexões de epistemólogos como Gaston Bachelard e Georges Canguilhem, dedicados a escorraçar os pressupostos do conhecimento comum; cheguei simultaneamente a um programa de análise das "pré-noções" (no sentido de Émile Durkheim)[7] que os agentes sociais utilizam na construção da realidade social. Porém,

---

4 Marcus; Fischer, *Anthropology as Cultural Critique: An Experimental Moment in the Human Sciences*; e Rosaldo, *Culture and Truth: The Remaking of Social Analysis*.

5 Clifford; Marcus (orgs.), *Writing Culture: The Poetics and Politics of Ethnography*.

6 Woolgar, "Reflexivity is the Ethnographer of the Text", em Woolgar (org.), *Knowledge and Reflexivity: New Frontiers in the Sociology of Knowledge*, p.14.

7 Durkheim, *Les Règles de la méthode sociologique*.

como demonstramos em *O ofício de sociólogo*,[8] a ciência não pode fazer da objetivação das formas e dos conteúdos do conhecimento comum o seu objeto exclusivo e último. Tal análise só pode ser um dos momentos da pesquisa, um instrumento particularmente poderoso para romper com as ilusões do senso comum e, portanto, um pré-requisito para a construção científica do objeto.

Além disso, se está na moda recordar que, como demonstraram Husserl e Schütz, a experiência primeira do social é uma relação de crença imediata que nos leva a aceitar o mundo como evidente em si mesmo, devemos então ir além da descrição e formular a questão das condições de possibilidade dessa experiência dóxica. Vemos, assim, que a coincidência entre estruturas objetivas e estruturas incorporadas, que cria a ilusão de compreensão imediata, é um caso particular no universo das relações possíveis com o mundo, como o da experiência indígena. A grande virtude da experiência do mundo estrangeiro tal qual o etnólogo o encontra é que ela leva à descoberta imediata de que essas condições não são universalmente satisfeitas, ao contrário do que a fenomenologia nos faz acreditar quando universaliza (sem saber) uma reflexão fundamentada no caso particular da relação original do fenomenólogo com sua própria sociedade.

É preciso, portanto, sociologizar a análise fenomenológica da *doxa* como submissão inquestionável ao mundo cotidiano, não apenas para estabelecer que ela não é universalmente válida para qualquer sujeito que percebe e age, mas também para descobrir que, quando aplicada a certas posições sociais, nomeadamente entre os dominados, ela representa a forma mais radical de aceitação do mundo tal como é, a forma mais absoluta de conformismo. Não há adesão à ordem estabelecida mais integral e completa do que essa relação infrapolítica de evidência dóxica, que acaba naturalizando condições de existência que seriam revoltantes para

---

8 Bourdieu; Chamboredon; Passeron, *Le Métier de sociologue: préalables épistémologiques*.

quem, sendo socializado em outras condições, não as apreendesse através de categorias de percepção desse mundo.

As implicações políticas da *doxa* nunca são vistas de forma mais clara do que na violência simbólica exercida sobre os dominados e, em particular, sobre as mulheres. Penso sobretudo no tipo de agorafobia socialmente constituída que leva mulheres a excluírem-se de atividades e cerimônias públicas das quais estão de fato excluídas (de acordo com a dicotomia público/masculino *versus* privado/feminino), [em particular] no âmbito da política oficial. Ou o fato de só pensarem em enfrentar essas situações à custa de uma tensão extrema, proporcional ao esforço necessário para superar o reconhecimento da sua exclusão que está inscrito nas profundezas de seus corpos. Assim, uma análise estritamente fenomenológica ou etnometodológica leva a ignorar os fundamentos históricos e, ao mesmo tempo, o significado político dessa relação de ajuste imediato entre estruturas subjetivas e estruturas objetivas.

A forma de reflexividade que me parece mais fecunda do ponto de vista científico é completamente paradoxal, na medida em que é profundamente *antinarcísica*. Esta é provavelmente uma das razões pela qual seja tão pouco praticada e seus produtos despertem tanta resistência. As propriedades que essa sociologia da sociologia desvenda, em total oposição a um retorno intimista e complacente à *pessoa* privada do sociólogo, não têm nada de singular nem de extraordinário; são comuns, em parte, a categorias inteiras de pesquisadores (e, portanto, banais e pouco "excitantes" para uma curiosidade ingênua). [Essa sociologia] problematiza a representação carismática que os intelectuais muitas vezes têm de si próprios, bem como a propensão destes para se considerarem livres de todas as determinações sociais. Ela permite a descoberta do social no coração do indivíduo, o impessoal oculto sob a intimidade.

* * *

Tendo assim caracterizado rapidamente a reflexividade como a concebo em relação a outras formas de análise que reivindicam a mesma intenção, posso agora evocar em linhas gerais os três grandes momentos da análise reflexiva ou, em outras palavras, as três formas de "vieses" que ela permite descobrir e convida a controlar. Em primeiro lugar, trata-se de objetivar – como muitas vezes se faz na tradição marxista estrita ou mais ampla, de Georg Lukács a Karl Mannheim – as *condições sociais de produção do produtor*, isto é, as propriedades, nomeadamente os dispositivos e interesses, que ele deve à sua origem social, sexual ou étnica. Porém, como mostrei [por exemplo] em meus trabalhos sobre a sociologia da literatura (mas o mesmo valeria para a sociologia da ciência ou do direito), podemos parar aí e perder o essencial: por exemplo, uma das intenções de *Homo academicus*[9] é mostrar que, quando combinamos diretamente os produtos culturais e as condições econômicas, sociais ou políticas, das quais os produtores supostamente seriam os produtos, ou as classes sociais para as quais eles supostamente deveriam produzir, cometemos o que chamo o "paralogismo do curto-circuito", ao estabelecer uma ligação direta entre termos muito distantes, e omitimos a mediação essencial, ou seja, o universo social relativamente autônomo que constitui o campo de produção cultural.

É preciso, portanto, tomar também como objeto esse microcosmo, esse mundo social autônomo, no interior do qual os agentes lutam em disputas de uma espécie muito particular e obedecem a interesses que podem ser [perfeitamente] desinteressados dependendo do aspecto, por exemplo, do ponto de vista monetário. É preciso, portanto, trazer à luz a posição que o analista ocupa, não mais na estrutura social em sentido lato, mas no campo científico (ou universitário), isto é, no espaço objetivo das posições sociais que se oferecem em dado momento e em determinado universo científico (este contido, geralmente, em uma frase como: o senhor X é *professor assistente* de sociologia em Columbia).

---

9 Bourdieu, *Homo academicus*.

Contudo, estagnar nesse estádio seria, mais uma vez, deixar escapar o essencial, isto é, o conjunto de pressupostos (inconscientes) cujo próprio princípio não reside nem na posição social nem na posição específica do sociólogo no interior do campo da produção cultural (e tampouco, na mesma visada, num espaço de posições teóricas e metodológicas possíveis), mas nas determinações invisíveis que se inscrevem no núcleo da posição do especialista. Assim que observamos o mundo social, a nossa percepção desse mundo é afetada por um "viés" ligado ao fato de que, para estudá-lo, para descrevê-lo e para falar sobre ele, devemos nos abstrair dele mais ou menos completamente. O *viés teórico ou intelectualista* consiste em esquecer de incluir na teoria do mundo social que construímos o fato de que essa teoria é produto de um olhar teórico, de um "olho contemplativo" (*theôrein*) que tende a apreender o mundo como um *espetáculo*, como uma representação (teatral e mental), como um conjunto de significações que requerem interpretação, e não como um conjunto de problemas concretos à espera de soluções práticas. Uma sociologia verdadeiramente reflexiva deve estar em alerta a todo instante contra esse "epistemocentrismo", esse "etnocentrismo de especialista", que consiste em ignorar tudo o que faz a diferença específica entre teoria e prática, e em projetar na descrição e na análise das práticas a representação que o analista pode ter disso pelo fato de ser externo ao objeto e por observá-lo de longe e do alto.

Assim como há relação entre o antropólogo que constrói uma genealogia e o "parentesco" que nada tem em comum com o de um pai cabila que deve solucionar um problema prático e urgente – encontrar um esposo adequado para a sua filha –, da mesma forma, o sociólogo que estuda o sistema escolar faz um "uso" da escola que nada tem a ver com o de um pai em busca de uma boa escola para seu filho. [Em outras palavras], durante todo o período em que não se submeter à análise como *estudioso* que tem sua condição social de possibilidade na *skholè*, ou seja, no ócio, no distanciamento em relação à necessidade, à urgência, à carência imediata, enfim, à prática, as quais constituem a condição do recuo e do afastamento objetivante que o olhar científico pressupõe, o pesquisador ficará exposto ao que denomino, de acordo com John Austin, *viés escolástico*:[10] por não conseguir analisar o que está inscrito no fato de pensar o mundo, de se retirar do mundo e da ação sobre o mundo a fim de pensá-lo, o pensador corre o risco de substituir, sem saber, *o seu próprio modo de pensar* pelo dos agentes que analisa e que não desfrutam do ócio (muitas vezes, nem do desejo) de se analisarem, e assim [ele corre o risco de] comprometer seu objeto com o pressuposto fundamental que está inscrito no fato de *pensá-lo como um objeto*, e assim, em vez de envolver-se com ele [*avoir affaire à lui*], ter algo a fazer com ele [*quelque chose à en faire*], ou seja, fazer do objeto um *affaire*[11] (*pragma*); e ele também corre o risco de comprometer seus atos de conhecimento com todos os instrumentos de pensamento impensados que resultam do longo trabalho de pensamento realizado por seus predecessores, como a genealogia, o questionário etc.

Mas, dir-se-á, não serão essas análises o produto do puro questionamento epistemológico, despojado de qualquer consequência prática? Na verdade, deveríamos recordar aqui toda a série de efeitos científicos dessa reflexão que, em si mesma, não é a sua finalidade. E mostrar, por exemplo, como a reflexão (esboçada por Ludwig Wittgenstein)[12] sobre a regra e o sentido dos comportamentos que dizem respeito a "obedecer a uma regra" nos leva não apenas a repensar, do início ao fim, a teoria do parentesco, mas também a substituir a lógica da estratégia (gerada, sem inten-

---

10 Referência à breve passagem sobre a *"perspectiva escolástica"* em Austin, *Sense and Sensibilia*, p.3-4.

11 Bourdieu joga com as palavras *faire* [fazer] e *affaire* [caso, envolvimento, negócio]. O sentido do trocadilho é que, na análise reflexiva, o *affaire* diz respeito à relação entre o pesquisador e o objeto pesquisado, ao passo que, na análise pragmática, o pesquisador pensa em *afazeres* com o objeto [*choses à en faire*] e no próprio envolvimento como um objeto [*d'en faire son affaire*]. (N. T.)

12 Wittgenstein, *Remarques sur "Le Rameau d'or" de Frazer*.

ção expressa, pelo *habitus*) pela lógica da regra. Assim, longe de conduzir ao ceticismo ou ao niilismo, a sociologia da sociologia conduz a um exercício mais rigoroso do método científico. Muitas das propriedades mais fundamentais do conhecimento científico são devidas ao fato de as condições da sua produção (o *skholè* e tudo o que se segue) não serem aquelas da prática. Tal constatação não implica a negação de toda a validade do conhecimento teórico. Ao contrário, o conhecimento claro dos *limites do conhecimento teórico* permite evitar a *falácia escolástica*, que consiste em projetar na análise todos os erros do *epistemocentrismo*, isto é, a tendência dos estudiosos de pensar os agentes estudados de acordo com sua própria imagem: eu poderia citar de modo aleatório as diferentes formas (de direita e de esquerda) da *teoria da ação racional*, a visão chomskyana da competência linguística e de seu uso, do estruturalismo lévi-straussiano etc.[13]

* * *

Assim, ao contrário do que sugere a representação ordinária do conhecimento de si mesmo como exploração de profundezas singulares, a verdade mais íntima daquilo que somos – o impensado mais impensável – está também inscrita na objetividade e, em particular, na história das posições sociais que mantivemos no passado e que ocupamos no presente. Paradoxalmente, é mediante a objetivação das condições sociais mais objetivas do pensamento que acedemos com maior segurança às características mais específicas da subjetividade do pensador. A história social e a sociologia da sociologia, entendidas como exploração do inconsciente científico do sociólogo através da explicitação da gênese dos problemas, das categorias de pensamento e dos instrumentos de análise utilizados, constituem um pré-requisito absoluto para

---

13 Sobre essas formas de epistemocentrismo, ver Bourdieu, *Méditations pascaliennes*, p.67-8.

a prática científica. O sociólogo só poderá permitir-se alguma chance de escapar das condições sociais que fazem dele, e de todo o mundo, um produto, se usar contra si mesmo as armas que sua ciência produz; contanto que esteja armado com o conhecimento das determinações sociais que podem pesar sobre ele e, muito particularmente, com a análise científica de todos os constrangimentos e de todas as limitações ligadas a uma posição e a uma trajetória determinadas num campo, para tentar neutralizar os efeitos dessas determinações.

Longe de arruinar os fundamentos da ciência social, a sociologia dos determinantes sociais da prática sociológica é o único fundamento concebível de uma liberdade possível em relação a tais determinações. E é somente pela condição de garantir o pleno uso dessa liberdade que o sociólogo, submetendo-se continuamente a essa análise, poderá produzir uma ciência rigorosa do mundo social; esta, longe de condenar os agentes à gaiola de ferro de um determinismo rígido, oferece-lhes os meios para uma tomada de consciência profundamente libertadora. Tal análise crítica dos determinantes sociais do trabalho científico só pode ser plenamente eficaz se todos os pesquisadores forem incumbidos de se entregar não apenas às forças da sua vigilância, mas ao conjunto dos ocupantes de posições científicas concorrentes que constituem o campo científico. A reflexividade deve, para se realizar, conseguir institucionalizar-se, por um lado, nos mecanismos do campo, em particular na lógica social da discussão e da avaliação científica, e, por outro lado, nas disposições dos agentes.

Adotar o ponto de vista da reflexividade não significa renunciar à objetividade; é, antes, trabalhar para dar conta do "sujeito" empírico nos próprios termos da objetividade construída pelo sujeito científico – em particular, situando-o num determinado lugar no espaço-tempo social – e, assim, dotar-se da consciência e do controle (possível) dos constrangimentos que podem ser exercidos sobre o sujeito científico através de todos os vínculos que o ligam ao sujeito empírico, aos seus interesses, a suas pulsões, aos seus pressupostos – vínculos que ele deve romper para se constituir plenamente. Devemos também buscar no objeto construído pela ciência as condições sociais de possibilidade do "sujeito" (por exemplo, o *skholè* e todos os problemas herdados, conceitos, métodos etc., que tornam possível sua atividade) e os eventuais limites dos seus atos de objetivação. Isso nos obriga a repudiar as pretensões absolutistas da objetividade clássica, porém sem conduzir ao relativismo: na medida em que, como vimos, o sujeito e o objeto da análise reflexiva constituem, em última instância, nada além do próprio campo científico, e, também, que as condições de possibilidade do "sujeito" científico e as do seu objeto formam uma unidade, então, a qualquer progresso do conhecimento das condições sociais de produção dos "sujeitos" científicos corresponde um progresso no conhecimento do objeto científico, e vice-versa. Isso pode ser visto com máxima clareza quando a pesquisa toma como objeto o próprio campo científico, isto é, o verdadeiro sujeito[14] do conhecimento científico.

Referências bibliográficas

AUSTIN, John L. *Sense and Sensibilia*. Org. Geoffrey J. Warnock. Londres: Oxford University Press, 1962.

BOURDIEU, Pierre. *Méditations pascaliennes*. Paris: Seuil, 1997. [Ed. bras.: *Meditações pascalianas*. Trad. Sergio Miceli. Rio de Janeiro: Bertrand Brasil, 2001.]

_____. *Homo academicus*. Paris: Minuit, 1984. [Ed. bras.: *Homo academicus*. Trad. Ione Ribeiro Valle e Nilton Valle. 2.ed. Florianópolis: Ed. UFSC, 2017.]

---

14 É necessário notar que *sujet* pode ser traduzido como *sujeito* ou *tema*, e nesta frase a ambiguidade da palavra reflete o próprio assunto colocado em questão por Bourdieu. (N. T.)

BOURDIEU, Pierre; CHAMBOREDON, Jean-Claude; PASSE-RON, Jean-Claude. *Le Métier de sociologue*: préalables épistémologiques. Org. Paul Pasquali. Paris: Éditions de L'Ehess, 2021 [1968]. [Ed. bras.: *Ofício de sociólogo*: metodologia da pesquisa na sociologia. 4.ed. Trad. Guilherme João de Freitas Teixeira. Petrópolis: Vozes, 2004.]

CLIFFORD, James; MARCUS, George E. (orgs.). *Writing Culture*: The Poetics and Politics of Ethnography. Berkeley: University of California Press, 1986.

DURKHEIM, Émile. *Les Règles de la méthode sociologique*. Paris: Félix Alcan, 1895. [Ed. bras.: *As regras do método sociológico*. Trad. Paulo Neves. 3.ed. São Paulo: Martins Fontes, 2007.]

GEERTZ, Clifford. *Works and Lives*: The Anthropologist as Author. Stanford: Stanford University Press, 1988. [Ed. bras.: *Obras e vidas*: o antropólogo como autor. Trad. Vera Ribeiro. Rio de Janeiro: Ed. UFRJ, 2002.]

GOULDNER, Alvin W. *The Coming Crisis of Western Sociology*. Nova York: Basic Books, 1970.

MARCUS, George E.; FISCHER, Michael M. J. *Anthropology as Cultural Critique*: An Experimental Moment in the Human Sciences. Chicago: The University of Chicago Press, 1986.

ROSALDO, Renato. *Culture and Truth*: The Remaking of Social Analysis. Boston: Beacon Press, 1989.

SHARROCK, Wes; ANDERSON, Bob. *The Ethnomethodologists*. Chichester; Londres: Ellis Horwood Press; Tavistock, 1986.

WITTGENSTEIN, Ludwig. *Remarques sur "Le Rameau d'or" de Frazer*. Trad. Jean Lacoste. Paris: L'Âge d'Homme, 1982.

WOOLGAR, Steve. Reflexivity is the Ethnographer of the Text. In: WOOLGAR, S. (org.). *Knowledge and Reflexivity*: New Frontiers in the Sociology of Knowledge. Londres: Sage Publications, 1988.

Projeto de história social das ciências sociais (1997)

Eu gostaria de explicar brevemente a vocês hoje o tema do cartaz: "História social das ciências sociais". Mas, antes, gostaria de dizer como espero trabalhar com vocês. O seminário do ano passado [1995-1996], para quem o acompanhou, foi um caso um pouco particular. Todos os seminários que realizei aqui foram casos particulares, porque nunca deixei de mudar a fórmula pela simples razão de que as condições em que fazemos um seminário são tais que é muito difícil ficar satisfeito com o resultado. Para realizar um verdadeiro seminário de pesquisa é preciso, necessariamente, um público restrito, de quinze a vinte pessoas no máximo. Trata-se de um limite além do qual é muito difícil trabalhar. Tal restrição, bem como a seleção que ela envolve, tem muitos inconvenientes. A abertura total daria origem a auditórios do tipo que costumo ter no Collège de France, ou seja, mais auditórios de *meeting* do que de grupos de trabalho. A solução que adotei aqui é um meio-termo entre essas duas possibilidades, [em outras palavras] uma abertura seletiva.

Assim, no ano passado, tendo praticado essa abertura controlada, dei a palavra a uma série de pesquisadores, todos eles já muito avançados, em sua maioria professores universitários com livros publicados e habituados a enfrentar auditórios vastos e a apresentar exposições para grandes grupos. Obviamente, a fórmula tem um inconveniente: ela recria a distância catedrática entre o mestre e os pesquisadores. Ela não favorece muito o estabelecimento de uma verdadeira discussão como a que poderia ocorrer num seminário com cerca de quinze pessoas. Este ano, tentarei [portanto] dar a palavra alternadamente a pessoas relativamente mais iniciantes, que estão no segundo ou terceiro ano da tese, e a outras, bem mais avançadas, como aquelas do ano passado. Tentarei fazer de tal modo que, por exemplo, haja diversas exposições sucessivas em torno de um tema, para que vejam pessoas menos desenvolvidas apresentando pesquisas num estado menos avançado. Acho isso importante: a França não sabe o que exatamente é um seminário. Estamos na tradição católica do sermão, da aula magistral e, em grande parte por razões históricas, a tradição francesa não é muito simpática ao verdadeiro seminário, que é algo muito difícil e muito exigente. O que chamamos de seminário na França costuma ser um curso descontraído. Temos todos os inconvenientes do curso e todos os inconvenientes do "*laisser-faire*". Para considerar a contradição que mencionei no início, ou seja, tentar dar ao maior número possível de pessoas a oportunidade de participar em algo que se assemelhe a um grupo de pesquisa, sem, no entanto, cair no curso *ex cathedra*, eu gostaria de tentar fazer seminários mistos, um pouco ambíguos. Porém as tradições escolares são muito difíceis de mudar. Trata-se de um espaço com uma estrutura, de um conjunto de definições sociais e, afinal de contas, trata-se também de *habitus*: as pessoas virão com um determinado *habitus* e vão habitar a instituição objetivada com uma instituição incorporada mais ou menos adequada à definição oficial da instituição objetivada.

Estou ciente das extremas dificuldades naquilo que tentarei fazer. Somos muitos mesmo quando consideramos apenas as pes-

Retorno à reflexividade

soas mais dispostas a participar e a discutir. Talvez existam ainda minhas disposições, que também são produzidas por condições históricas. Tudo isso significa que espero fazer este ano funcionar a 50%, com uma grande perda de energia de todas as partes e com um [alto] nível de decepção. Nesses termos, penso que nada disso implica que devamos desistir. Uma das armas contra os condicionamentos sociais, sejam eles provenientes de estruturas ou de disposições, sejam eles provenientes do aspecto objetivado ou do aspecto incorporado da instituição, uma das armas, então, é a objetivação desses condicionamentos que, por meio da tomada de consciência, propicia uma pequena liberdade, e é por isso que faço este exórdio preliminar.

Uma das funções deste seminário deverá ser conduzir à descoberta de possíveis temas de pesquisa. Penso que, para os jovens pesquisadores, isso é um problema. A escolha de um tema de pesquisa é um dos objetos da sociologia reflexiva, de uma história social das ciências sociais: como escolhemos a nossa pesquisa? Somos escolhidos por nossa pesquisa ou nós é que a escolhemos? O que é escolher? O que é esse encontro entre as disposições e uma oferta de tema? O que realmente seria o tema da pesquisa? Penso que uma das funções deste seminário sobre a história social das ciências sociais está em dar liberdade a todos vocês, sejam quantos forem, de lançar um olhar sobre o que vocês são e sobre o que vocês fazem, de forma a abrir possibilidades que se encontram fechadas.

A definição máxima e muito ambiciosa do empreendimento seria transformar este seminário numa espécie de grande equipe de trabalho. Na verdade, acho que o ensino da pesquisa se faz pesquisando. E se o ensino catedrático é tão decepcionante, isso ocorre porque aprendemos tudo e não aprendemos nada. Podemos ter *topoï* magníficos sobre Max Weber sem sermos capazes de realizar uma única operação como Weber teria feito, sem adquirir um reflexo weberiano. Ora, um dos objetivos do ensino da pesquisa não é formar *lectores*, tagarelas de textos, a França está cheia deles, mas formar *auctores*, pessoas capacitadas a se apropriar de métodos, teorias e leituras a fim de fazerem algo com eles.

Acho que a pesquisa é uma coisa muito difícil, na qual não entramos simplesmente aprendendo *topoï*. Ela talvez pressuponha algo como uma conversão. No seminário em pequena escala, a conversão ocorreu progressivamente e, de modo geral, a partir da Páscoa (lamento esse tempo perdido todos os anos), o grupo começou a funcionar como um grupo. As pessoas se reuniam, trabalhavam, se ajudavam nas suas teses etc. Será que podemos fazer a mesma coisa aqui? Não tenho certeza. Em todo caso, o que posso dizer é que essa seria a definição ideal. Definição em que todos aqui presentes dariam num determinado momento, talvez este ano, talvez no próximo ano, com um atraso mais ou menos longo, uma contribuição para este empreendimento que se chama "história social das ciências sociais". Poderia ser uma entrevista com um pesquisador do CNRS, pois há milhares de assuntos... Todos diriam que vão dar a sua pequena contribuição, ou uma pergunta, ou o seu depoimento – "Como escolhi o meu tema?"... Tudo isto para dizer que vocês podem falar, não apenas para fazer uma pergunta, mas também para dizer: "O que você está dizendo me fez pensar em...". Por exemplo, nos seminários restritos que foram bem-sucedidos, era maravilhoso ouvir uma especialista em medicina popular no Brasil falar sobre seu objeto e, em seguida, um pesquisador ocupado com o estudo dos músicos nos conservatórios de província dizer: "Isso me fez pensar em...". Esse é o verdadeiro efeito do seminário. Espero, então, que vocês possam, de uma forma ou de outra, hoje se possível, ou talvez mais tarde, participar ativamente e de diversas maneiras, fazendo pedidos de esclarecimento (eventualmente, aqueles que forem muito tímidos podem me enviar um papelzinho com seu sobrenome, seu primeiro nome e uma pergunta, a qual tentarei responder, na próxima vez ou imediatamente) ou perguntas mais amplas que vocês elaboraram a propósito da pesquisa.

Retorno à reflexividade

* * *

Espero que este preâmbulo um pouco longo não tenha sido inútil. Por que uma "história social das ciências sociais"? Não quero apresentar uma justificativa completa. Tudo o que eu dissesse seria um desenvolvimento da ideia de reflexividade que defendo há muito tempo, e penso que pelo menos alguns de vocês já puderam ler nas *Respostas*,[1] por exemplo, uma seção inteira dedicada a esse problema.

Em primeiro lugar, rapidamente, pois já disse isso no ano passado, a "reflexividade" não é entendida no sentido tradicional da filosofia, da *doxa* filosófica: a reflexividade não é reflexão no sentido de *cogitatio cogitationis*, isto é, pensamento de um pensamento, reflexão como pensamento sobre o meu pensamento. Não é um simples retorno do sujeito cognoscente sobre si mesmo, o sujeito cognoscente tentando conhecer a si mesmo. A reflexividade, tal como a entendo, é de fato tudo isso, porém, ela passa por um processo de objetivação. O sujeito cognoscente, no caso de um sociólogo, um historiador, um etnólogo e até um economista, é alguém que possui instrumentos de conhecimento e sabe aplicá-los a si mesmo, sujeito cognoscente, e, melhor ainda, ao universo social em que esse sujeito cognoscente está inserido. O universo social pode ser entendido em dois níveis: como o espaço social em seu conjunto e como a posição do pesquisador, da disciplina ou de algum setor da disciplina no espaço social global.

Em seguida, podemos aplicar esses procedimentos de objetivação ao que denomino o "campo" das ciências sociais, e objetivar esse espaço para nele encontrar um certo número de propriedades ocultas do próprio sujeito cognoscente em questão. Por isso se trata de algo muito diferente da reflexividade clássica. A hipótese é que o sujeito cognoscente não tem acesso pela simples reflexão

---

1 Bourdieu, *Réponses: pour une anthropologie réflexive*; ver Bourdieu; Wacquant, *Invitation à la sociologie réflexive*.

ao essencial daquilo que ele é, do que ele faz. Para ter acesso a isso, ele deve passar pelo desvio das condições objetivas nas quais ele foi produzido de modo a tornar-se o que ele é; condições estas que o levam a fazer o que ele faz. Em outras palavras, trata-se de fazer sociologia como sempre fazemos, porém no universo das ciências sociais, em nosso próprio mundo, em nosso próprio campo.

Se escolhi tal tema é porque, para os participantes, esse tipo de objeto pode trazer dois tipos de benefício.[2] Ele pode [render] os lucros de um seminário dedicado a qualquer assunto – homossexualidade, história da arte, pintura do Quattrocento, não importa o quê –, isto é, conceitos, métodos, maneiras de trabalhar. Um seminário não é apenas um lugar onde você vai ouvir alguém falar sobre a própria pesquisa: vamos ver como ele faz a sua pesquisa. Isso é muito difícil, porque pouca gente sabe fazer pesquisa, trata-se de uma arte. A palavra "arte" designa, como Émile Durkheim diz em algum lugar, uma maneira prática de fazer as coisas que não envolve necessariamente o conhecimento de si mesmo. Não há nada de misterioso nas artes. Toda a literatura que escrevemos sobre o criador, a criação inefável, também se aplica a um marceneiro, a um merceeiro ou a pessoas como nós. Aprende-se a arte de caminhar: há escolas onde meninas da classe trabalhadora que querem ser modelos aprendem a caminhar (daí se vê que caminhar é uma arte, e que há aqueles que a adquirem sem saber e outros que precisam pagar para aprendê-la). Nesses termos, quando uma arte é verdadeiramente adquirida, ela tem a seguinte propriedade: quem melhor a pratica é aquele que menos sabe falar sobre ela. Isso é verdadeiro para o ensino da pesquisa. Se tantas pessoas acham que esse ensino é fácil, é porque não sabem o que é a pesquisa. Eles não sentem dificuldade de comunicação porque não têm absolutamente nada para ser comunicado; porém, mesmo aqueles que têm algo para comunicar podem ter

---

2 Bourdieu desenvolve o segundo "tipo de benefício" na sequência do texto: *infra*, p.60.

Retorno à reflexividade

grande dificuldade em fazê-lo, e conheço muitos pesquisadores excelentes que sofreriam um bocado para ensinar vocês como ler bem uma tabela estatística ou como fazer uma boa descrição etnográfica. O essencial daquilo que existe para ser comunicado é implícito, prático e, para um seminário como este, a analogia mais próxima seria uma oficina do Quattrocento com alunos trabalhando e com o mestre a passar por trás deles dizendo: "Eu não faria assim". Isso seria o ideal. O mestre tomado num sentido muito menos pomposo do que na versão acadêmica francesa, o mestre como mestre de armas,[3] mestre de judô, de esportes de combate, um treinador: um bom orientador de pesquisa está mais próximo de um treinador de rúgbi do que de um professor da Sorbonne. Um treinador de rúgbi não é necessariamente capaz de expor uma teoria formal da prática e da sua maneira de transmiti-la. Não há nada mais difícil do que entrevistar alguém sobre uma competência prática. É a arte pela arte da sociologia.

Todos temos uma arte de viver e o *habitus* é uma arte de viver. A arte de viver é algo que não envolve autoconhecimento explícito. O problema da explicitação se coloca sobretudo para as pessoas que não precisam explicitar profissionalmente. Quanto mais nos afastamos dos universos que denomino escolásticos, dos universos de *skholè* no sentido de "ócio", maior a dificuldade que as pessoas têm para expressar sua arte de viver, para dizer o que fazem, como o fazem etc. É isso que tem sido terrivelmente mal compreendido em *A miséria do mundo*:[4] era uma tentativa um tanto quanto desesperada de tentar trazer à ordem do discurso algo que é muito difícil de explicitar em qualquer caso, mesmo para um pintor. Até o século XIX – Marcel Duchamp foi o primeiro a revoltar-se –, dizia-se "tão estúpido quanto um pintor" (era frequentemente dos escritores que se falava assim). Em geral, os pintores, com exceção de Eugène Delacroix, que foi

---

3 Referência ao *maître d'armes*, que é o professor de esgrima. (N. T.)
4 Bourdieu (dir.), *La Misère du monde*.

o primeiro a obter o *bac*,[5] não recebiam muita educação formal.[6] Demonstravam competência formidável no que faziam, mas não sabiam falar sobre sua arte, e quando falavam, pareciam estúpidos, especialmente diante de ouvintes claramente inteligentes. Tais pessoas não tinham os instrumentos de conhecimento de seus conhecimentos e, isso em geral é bem verdadeiro, *a fortiori*, quando se desce na hierarquia social, ou seja, quando nos afastamos dos universos onde temos tempo para aprender técnicas de explicitação, onde temos domínio da linguagem... Toda a literatura heideggero-hölderliniana sobre os silêncios do camponês,[7] Martin Heidegger junto ao fogo com seu camponês etc. é uma observação literária do fato de que há uma distribuição desigual dos instrumentos de apropriação da linguagem e que tal desigualdade de distribuição nunca se manifesta tanto como quando se trata de expressar aquilo que é especialmente difícil de expressar, isto é, o que sou, o que faço, como faço.

O problema da explicitação das artes, do sentido da maneira de ser e da maneira de fazer, é um dos mais relevantes da sociologia, embora muitos sociólogos nunca o encontrem. Eles fazem questionários... É também um problema para os etnólogos. Há um etnólogo que, em minha juventude, foi muito importante para mim: Bronisław Malinowski. Ele é o único, penso eu, que desenvolveu longamente a ideia de que o mais importante nas práticas é a maneira de fazer as coisas.[8] Precisamente, para um etnólogo, uma das dificuldades quase intransponíveis é que, para

---

5 Bourdieu refere-se ao *baccalauréat*: titulação acadêmica que os estudantes franceses obtêm após o liceu. (N. T.)

6 Sobre os efeitos do nível de instrução relativamente elevado de Delacroix e Duchamp, ver Bourdieu, *Sociologie générale*, v.2: Cours au Collège de France, 1983-1986, p.527.

7 Em sua oposição ao estilo universitário clássico, Martin Heidegger muitas vezes se refere a Friedrich Hölderlin e à *Begriffsdichtung*, sua poesia conceitual (Bourdieu, *L'Ontologie politique de Martin Heidegger*, p.64-5 e 116).

8 Bourdieu, *Le Sens pratique*, p.272-3.

ver as diferenças de conduta, é preciso conhecer muito bem as condutas; porém, como dizem, elas são sutis, evasivas, inefáveis etc. Aprender é sempre extremamente difícil, é da ordem do imponderável e, quando apreendemos algo, não sabemos exprimi-lo. [É como se] eu pedisse a vocês para fazerem uma descrição sutil, num programa de televisão, por exemplo, do sorriso amarelo, do sorriso com lábios fechados, do sorriso paralisado etc. (Felizmente, aliás, temos uma linguagem comum que se baseia em milênios de observação, instrumentos para descrição prática de maneiras de fazer as coisas.)

Eu não estava pensando em contar para vocês isso que surgiu na arte e, creio eu, na lógica da reflexividade. No ano passado, disse muito rapidamente que um dos objetivos da reflexividade era trazer para a explicitação três níveis do implícito, ligados a três níveis de comprometimento[9] que dizem respeito a todos nós. Primeiro nível: estamos comprometidos no espaço social global e há algo de implícito ligado ao nosso comprometimento social global, à nossa posição no espaço social global, no instante e ao longo do tempo; temos simultaneamente uma posição e uma trajetória. Segundo nível: somos uma posição no campo, no espaço de nossa atividade, no campo sociológico ou religioso etc. Um dos objetivos dessa história social das ciências sociais que proponho será fornecer informações sobre a estrutura do campo das ciências sociais na França desde 1945, talvez em escala mundial. Um dos problemas é saber se podemos limitar a pesquisa ao campo francês e, se para compreender o que se passa no campo francês, não deveríamos saber [sua posição] no campo mundial das ciências sociais... Ao conhecer a posição no campo, descobre-se o implícito no mesmo movimento. Cada vez que se descobre um

---

9 Bourdieu utiliza a palavra *implication*, que pode ser traduzida como envolvimento, com sentido de compromisso assumido (daí a solução adotada aqui: comprometimento), mas também como implicação no sentido da matemática, isto é, ligação necessária entre termos logicamente relacionados entre si. (N. T.)

comprometimento, descobre-se algo de implícito. Terceiro nível de comprometimento: pertencer ao que chamo de universos escolásticos – a etimologia é a palavra grega *skholè* que está na raiz de escolástico, escola, e que significa "ócio". Por estarmos há muito tempo na escola, seja como professor, seja como pesquisador, estamos sempre no mais inconsciente universo escolástico, ou seja, tudo diz respeito ao fato de pertencermos a esse universo. É porque estamos aí como peixes na água, porque pertencer ao universo escolástico está associado a disposições muito profundamente inconscientes.

Com os três níveis que distingui, vamos do mais superficial ao mais profundo. Primeiro nível: inserção no campo social; é preciso ser muito ingênuo, especialmente depois das críticas tradicionais do marxismo sobre pertencimento de classe ou de gênero, para não se interrogar acerca da relação entre o que alguém diz e sua posição social. O perigo de tais coisas permanecerem implícitas, inconscientes, é relativamente pequeno. Segundo nível: o campo; já é quase totalmente inconsciente porque o campo não está constituído como tal e as pessoas, sejam emissoras ou receptoras, não têm consciência de que o que dizem pode estar ligado, de uma forma ou de outra, ao fato de ocuparem uma posição num campo que, por sua vez, também ocupa uma posição num espaço. Terceiro nível: aquele do pertencimento aos universos escolásticos. O pertencimento aos universos escolásticos está associado a algo implícito, a uma disposição escolástica que o filósofo inglês John Austin incidentalmente chama de *preconceito escolástico*.[10] Isso não quer dizer muita coisa. Ou seja: o que quer que façamos ou escrevamos, quer registremos um documento, quer façamos uma entrevista etc., temos sempre o nosso olhar escolástico, e, na minha opinião, um dos grandes objetivos da reflexividade consiste em tentar controlar os efeitos desse olhar escolástico.

---

10 Austin, *Sense and Sensibilia*, p.3.

Em particular, os escolásticos compreendem mal as artes, porque a sua própria arte lhes é inconsciente; assim como todo mundo, eles a incorporaram, incorporaram as categorias do pensamento, os esquemas da percepção; e esse conjunto de disposições incorporadas está no princípio da sua percepção dos outros. Tais disposições incorporadas são disposições que alguém [integra] quando está em posição de olhar o mundo sem estar engajado com ele. Essa foi uma das minhas primeiras experiências. Eu trabalhava para um artigo, "O celibato e a condição camponesa",[11] publicado na década de 1960, sobre uma aldeia que eu conhecia muito bem, onde passei minha infância e minha adolescência inteiras; eu havia tomado deliberadamente esse objeto como uma espécie de experimento epistemológico (é a mesma coisa para *Homo academicus*,[12] um objeto de duplo foco). Tratava-se de saber, por um lado, por que essas pessoas permaneciam solteiras e outras não, por que não conseguiam encontrar moças, por que as moças iam embora, e [por outro lado,] interrogar-me [a meu próprio respeito] fazendo essas perguntas e compreendendo a diferença entre, de um lado, a minha atitude, o tipo de explicação que eu poderia dar, e, de outro, as explicações que essa gente *alter ego* de mim, com quem joguei bolas de gude, me entregava. O que significa ter o privilégio de se retirar do mundo para pensar sobre ele? Aquele que tem condições de se retirar do mundo para pensar sobre ele, se não pensa no efeito que sua retirada para pensar tem sobre seu pensamento, pensa mal, pensa mal sobre pessoas que não estão em condições de se retirar do mundo para pensar sobre ele, que estão no mundo da prática e, estando nesse mundo, respondem na prática às questões que a postura escolástica explicitada colocou. É preciso, portanto, que eu me autointerrogue sobre a possibilidade de uma visão teórica

---

11 Bourdieu, "Célibat et condition paysanne", *Étude Rurales*, n.5-6, p.32-135, 1962. Esse estudo foi realizado entre 1959 e 1960 num vilarejo de Béarn.
12 Id., *Homo academicus*.

do não teórico e, portanto, sobre a questão da diferença entre teoria teórica e a prática.

Essas interrogações estão presentes, é claro, no objeto de pesquisa que proponho este ano. Trata-se de interrogar não somente o universo social no interior do qual as ciências sociais se efetivam, mas também as propriedades escolásticas desse universo, que podem afetar as práticas profissionais das pessoas nele inseridas. Por exemplo, volto à *Miséria do mundo*, livro lido por profissionais escolásticos que, embora dissessem para si próprios "Mas o que eles fazem? Como podemos fazer essas perguntas?" etc., ainda assim não notavam que o objetivo principal do questionamento era questionar o questionamento e, em particular, a lacuna entre o questionador e o questionado do ponto de vista da relação escolástica no mundo. Platão diz: "Opinar é falar".[13] Isto significa que há algo implícito na opinião – um implícito que é a última coisa que pode aparecer aos profissionais do *logos*, do discurso, que somos nós. É o fato de uma opinião ser um discurso, e que opinar, expressar uma opinião, é trazê-la para a ordem do discurso em vez de dizer "eh, eh", ou "ah, eh", ou simplesmente nada. Esse "opinar" em conformidade, que consiste em afirmar explicitamente no discurso não é evidente. Ele só é evidente nos universos escolásticos onde somos profissionais de opinião e, até mesmo, profissionais de opinião pessoal. Remeto vocês para um velho artigo da década de 1970 intitulado "Questões de política":[14] está em *Actes de la Recherche en Sciences Sociales* e nele há um longo *topos* sobre o culto da opinião pessoal.

Para nós, nem é preciso dizer que opinar é falar, que podemos expressar opiniões e que, em segundo lugar, estamos em universos onde a opinião pessoal – que está um degrau acima – é explicitamente valorizada, incentivada. Com o passar do tempo, colocamos

---

13 Platão, *Théétète; Parménide*, p.136.
14 Bourdieu, "Questions de politique", *Actes de la Recherche en Sciences Sociales*, n.16, p.55-89, 1977.

Retorno à reflexividade

nas margens "banal, pessoal, trivial, comum" etc. Há uma espécie de recompensa da opinião pessoal. Quando passamos para o âmbito da escrita, poderíamos fazer uma lista de citações, todas as tendências combinadas, de escritores que dizem: "Existir é ser pessoal", ou seja, ser singular. Ora, o menor pesquisador do Ifop [Institut Français d'Opinion Publique] está tacitamente comprometido com esse implícito, embora haja, apesar de tudo, uma coerência. O caso da situação da pesquisa é típico dessa reflexividade que defendo, pois, para chegar a ter a verdade refletida daquilo que faço quando entrevisto alguém, é preciso que eu passe por um trabalho muito amplo de objetivação. É preciso, inicialmente, objetivar minha posição social, minha lacuna social para com a pesquisa. Isso pode causar espanto, mas é algo que muitos sociólogos esquecem: a lacuna social entre um professor do Collège de France e um pequeno *beur*[15] que acaba de desistir de tirar seu CAP [certificado de aptidão profissional] é o bê-á-bá. É preciso, então, objetivar em seguida a posição no campo. O que pode vir dali? Posso, por exemplo, fazer perguntas para prejudicar um concorrente. Ele faz perguntas de opinião, eu faço perguntas de fato. Com um olhar um pouco reflexivo, vemos um número incrível de atos científicos que se consideram livres e autônomos, mas que são [na realidade] determinados pelas relações de competição dentro do campo, pelos efeitos da posição no campo etc. É preciso passar pela objetivação desse espaço que é o dos produtores culturais, que por sua vez são produtos de condições sociais de produção muito particulares: condições escolásticas de estar fora do transcurso temporal, de ócio. Poderíamos mostrar, por exemplo, como o economista Gary Becker, com a sua teoria do "capital humano"[16] – este é um exemplo

---

15 Termo pejorativo utilizado para designar filhos de imigrantes do Magreb nascidos em território francês. (N. T.)

16 Becker, *Human Capital: A Theoretical and Empirical Analysis, with Special Reference to Education*. Para uma discussão crítica dessa noção, ver Bourdieu, *Sociologie générale*, v.2, op. cit., p.248-54.

que me ocorre por acaso – não pensou nem por um segundo que havia condições sociais de produção do capital humano. Mas, para compreender qualquer produção cultural, é preciso levar em conta o fato de que quem a produz é [ele mesmo] produto de condições sociais de produção, tanto pontuais (estar fora do mundo, retirar-se do mundo para pensá-lo) quanto diacrônicas, históricas, ou seja, ter estado na escola, na *skholè*, desde a primeira infância. É assim que podemos reinterpretar as estatísticas de sucesso escolar. Se vocês veem que para permanecer muito tempo na escola é preciso ter nascido no universo escolástico, vocês veem que não conseguimos nos livrar da *skholè* dizendo: "É uma variável entre outras".

O *viés escolástico* será tanto mais poderoso quanto mais aquele que é vítima dele for inconsciente disso – e, nesse aspecto, quanto mais distante estiver daqueles com quem estabelecerá comunicação. Se for etnólogo, pode trabalhar com pessoas que estão em sociedades onde a urgência de sobrevivência é constante; porém, se trabalha com pessoas da sua própria sociedade em níveis sociais muito distantes do universo escolástico, essa lacuna social e cultural pode tornar-se uma espécie de barreira total à compreensão. Penso que a reflexividade, nesse caso, é uma condição *sine qua non* para a compreensão. Uma parte imensa daquilo que se escreve nas ciências sociais é produto do viés escolástico, ou seja, de pessoas que, inconscientes do seu viés escolástico, colocam uma cabeça escolástica em corpos não escolásticos. Eis o que quero dizer com reflexividade, eis a possível utilidade dessa história social das ciências sociais para a prática mais cotidiana, seja entrevistando um jornalista ou uma faxineira...

Achei que esse tema poderia ser importante porque ele permite um duplo benefício: permite termos os benefícios de um seminário qualquer e os benefícios da reflexividade na medida em que os métodos, as teorias, as técnicas, os conceitos etc., nesse caso, são aplicados ao próprio mundo de vocês, ou seja, a vocês mesmos. Vocês podem aprender o que poderiam aprender em um seminário ouvindo uma especialista falar sobre medicina popular

Retorno à reflexividade

no Brasil: como ela faz isso, como ela constrói seu objeto etc. Vocês terão os problemas ordinários da sociologia e, além disso, terão o benefício da reflexividade que, na minha opinião, é talvez o mais importante. Para ilustrar o que quero dizer, posso remeter vocês ao *Homo academicus*.[17] Ainda mais do que o trabalho sobre o celibato de que lhes falei,[18] o *Homo academicus* é um empreendimento típico de reflexividade. Trata-se de uma pesquisa que tem um objeto aparente, ou seja, a universidade francesa nos anos anteriores a 1968, a estrutura desse campo, a hierarquia das faculdades, a posição da faculdade de Letras etc. Porém, há também um outro objeto, esse objeto que normalmente toma como objeto outros agentes sociais: geógrafos, historiadores, economistas etc., são pessoas socialmente encarregadas para falar com autoridade sobre o mundo social, econômico etc. Tomar como objeto as faculdades, ou o conflito das faculdades, como dizia Immanuel Kant, é tomar como objeto os sujeitos para os quais existe um conhecimento legítimo do objeto – o próprio autor do livro, evidentemente, que está no objeto e não pode se esquecer disso nem por um minuto.

A propósito, há pouco eu disse rapidamente que somos todos escolásticos. Acho que muitos atos da pesquisa, que durante muito tempo percebi instintivamente como erros (lembro-me de um questionário no qual um sociólogo francês que vivia falando de pesquisa empírica, mas nunca havia realizado uma pesquisa, perguntou: "Quantas classes sociais vocês acham que existem?"), encontram seu princípio no viés escolástico. De forma mais geral, acho que, na condição de escolásticos, quaisquer que sejam as nossas tomadas de posição política ou religiosa, podemos comungar em meio ao viés escolástico. Eu poderia dar exemplos de erros compartilhados por heideggerianos e marxistas. Remeto

---

17 Bourdieu, *Homo academicus*, op. cit.
18 Id., "Célibat et condition paysanne", op. cit.

vocês ao número 5 dos *Actes de la Recherche en Sciences Sociales*,[19] um número extenso no qual confrontei, de um lado, uma espécie de análise irônica da retórica de Louis Althusser e de Étienne Balibar, e, de outro, uma análise da retórica de Martin Heidegger. Na época eu não disse isso: estava atacando as vacas sagradas do inconsciente escolástico e se, além disso, tivesse dito que o que me interessava era tudo o que essas vacas sagradas tinham em comum quando apareciam como totalmente opostas no espaço político, eu teria sido considerado abaixo do normal. Vinte anos depois, podemos dizê-lo. Todos os dias tenho exemplos de acordos profundos entre pessoas que aparentemente não concordam em nada.

Quando se trata de sociólogos, o viés escolástico é particularmente catastrófico. Um sociólogo cujo ofício envolve tanto compreender quanto explicitar a prática e, possivelmente, o discurso de pessoas que estão numa situação não escolástica, que não foram produzidas em condições sociais de produção necessárias para poderem compreender os problemas escolásticos, para responderem questões escolásticas etc., está condenado ao erro. Um dos erros é o juridismo, que corresponde a uma das primeiras maneiras de se descobrir o viés escolástico. Quando eu trabalhava como etnólogo com os camponeses do Béarn, deparei com a literatura jurídica. Por volta de 1900, os juristas trabalhavam em diferentes graus de juridismo. Havia trabalhos que partiam do direito para chegar às práticas. Parte da etnologia adotou um certo número de teorias, como a teoria do parentesco ou o direito romano. Essa era a forma

---

19 Ver os artigos de Pierre Bourdieu no número temático "La Critique du discours lettré" de *Actes de la Recherche en Sciences Sociales*, n.5-6, 1975, intitulados "La Lecture de Marx, ou quelques remarques critiques à propos de 'Quelques remarques critiques à propos de *Lire le capital*'"; e "L'Ontologie politique de Martin Heidegger", p.65-79 e p.109-56, respectivamente. Sob o título "Le Discours d'importance", o primeiro texto é republicado em Bourdieu, *Langage et pouvoir symbolique*, p.379-96; o segundo texto originou a obra de mesmo título.

mais grosseira de juridismo. Também deparei com uma forma mais sutil de juridismo, com juristas que, nos anos 1900, não partiam de leis – ali não havia nenhuma, pois tratava-se do Béarn, um país com costumes –, mas de atas notariais, visando reconstituir as estratégias de casamento e a lógica das trocas matrimoniais. Por exemplo, nos livros dedicados aos costumes matrimoniais nos países de língua occitana, havia inevitavelmente grandes capítulos sobre o que foi denominado *tournadot*, restituição de dote. Na verdade, não houve um único divórcio na população que estudei. Assim, a restituição de dote era uma cláusula absolutamente sem aplicação, mas que ganhava importância capital nos escritos. O juridismo, como tendência a deduzir de alguma forma as aplicações da regra a partir da qual deveriam supostamente ser produzidas, é uma propensão constante da etnologia e pode ser reforçada pelo capital disponível ao etnólogo. No caso do Norte da África, muitos etnólogos espontâneos eram administradores civis etc. (isto também é verdade na África subsaariana), que tinham uma cultura jurídica e utilizavam os instrumentos dos quais dispunham para pensar. Mas o juridismo é uma filosofia espontânea da ação e é inerente à visão escolástica. É a filosofia espontânea da ação que vocês encontram em Claude Lévi-Strauss com as teorias da regra,[20] do casamento preferencial determinado por regras. Todos os usos sociais da regra feitos pelos etnólogos etc., baseiam-se numa filosofia da ação cujo modelo é o modelo jurídico regra-aplicação, ou, ainda, o modelo-execução. Sendo o agente alguém que põe em prática um modelo exatamente como um subordinado numa hierarquia, ele atua em princípio de acordo com circulares, com regulamentos.

---

20 Lévi-Strauss, *Les Structures élémentaires de la parenté*. A teoria da prática de Bourdieu rompe com os etnólogos que tendem a compreender as regularidades observáveis como o produto da obediência às "regras" ou o resultado da regulação inconsciente da mecânica cerebral ou social (Bourdieu, *Esquisse d'une théorie de la pratique*, p.250-5).

Se admitimos esse legalismo tão facilmente, é porque de alguma forma ele está de acordo com a nossa visão espontânea de ação. Como diz John Dewey, um grande filósofo descartado e mais ou menos reabilitado hoje, a maioria das filosofias são "filosofias do espectador".[21] A visão escolástica é a visão de um espectador que assiste a competições esportivas, que não está em campo, nem no palco, nem na ação. Isto se vê claramente na relação com o corpo. Para falar muito rapidamente: há duas formas de olhar o corpo. Uma consiste em olhar o corpo dos outros ou olhar o próprio corpo no espelho como um objeto; a outra consiste em estar dentro, estar com, fazer corpo com o próprio corpo. O ponto de vista escolástico é o ponto de vista de quem olha para os outros e que tem uma filosofia do corpo do espectador. Graças a Maurice Merleau-Ponty[22] podemos ir muito mais longe, e isso não é fazer filosofia: é servir-se da filosofia para se livrar da filosofia que é feita quando não se tem filosofia. Temos filosofia da vida, da morte, da existência, do corpo, do ser, do tempo, do poder, da sociedade etc., e isso diz respeito ao fato de estarmos em posição escolástica que envolve uma filosofia do mundo. Nessa visão escolástica, somos mais ou menos como peixes na água.

Existe, portanto, naquilo que somos, nos nossos hábitos de pensamento, isto é, no nosso corpo escolástico, o "autômato", uma filosofia da ação do tipo modelo-execução implícita. Temos tudo isso na pele. Queremos que haja costume para os outros, para o povo. Pensamos que as pessoas decentes não estão na ordem da carne, mas, como diz Blaise Pascal, na ordem do espírito, e, por conseguinte, não podemos falar em costume. O "pensador" possui, de fato, na sua pele, no seu cérebro, nas dobras do seu pensamento, isto é, no seu corpo, muitas coisas que são coisas sociais. Seria

---

21 Dewey, "The Quest for Certainty", em *The Later Works, 1925-1953*, v.4: 1929, p.19.

22 Merleau-Ponty, *La Structure du comportement*; e *Phénoménologie de la perception*.

muito fácil se bastasse dizer: cuidado, seja vigilante! Temos uma filosofia incorporada, uma teoria da relação sujeito-objeto, uma teoria da reflexão (que demoli, no início, ao lembrar que a reflexão pode ser uma objetivação do sujeito que reflete), uma teoria do corpo, do tempo, da história. Temos até uma filosofia da história que diz respeito à postura escolástica, mas que, em seguida, será especificada de acordo com a posição que ocuparemos no espaço escolástico. Francine Muel-Dreyfus, em seu trabalho sobre educadores e professores de educação infantil,[23] observou que a filosofia da história dos educadores é diferente daquela dos professores de educação infantil.[24] São pessoas que, estando em posições diferentes no espaço social e chegando a essas posições por trajetórias diferentes, estabelecem relações diferentes tanto com o futuro quanto com o passado; cada qual, portanto, tendo uma filosofia da sua história, com maneiras diferentes de recontarem-se nas entrevistas. Temos uma filosofia de relacionamento com os outros que também é engajada quando fazemos uma enquete; temos uma filosofia da linguagem, uma filosofia daquilo que a sociologia é. Parte de tudo isso está explícito: é a metodologia, é o blá-blá-blá epistemológico. (Lutei na década de 1960 para que os sociólogos falassem sobre epistemologia como um antídoto para o positivismo que era avassalador na época. Hoje, a epistemologia tornou-se o novo ópio do sociólogo, que observa a si mesmo quando pensa.)

Essa história social das ciências sociais que eu gostaria de tentar praticar com vocês é algo muito difícil. É um pouco como a arte para a arte da profissão. Podemos nos servir da história social das ciências sociais e da sociologia para satisfazer todos os tipos de pulsão da libido acadêmica não analisada. Vou dar um exemplo: o

---

23 Muel-Dreyfus, *Le Métier d'éducateur: les instituteurs de 1900, les éducateurs spécialisés de 1968.*

24 Bourdieu fala em *éducateurs* e *instituteurs*. Embora os dois termos possam ser entendidos como sinônimos, no sistema escolar da França, *instituteur* designa o professor de educação infantil. (N. T.)

trabalho de François Dosse sobre o estruturalismo,[25] ou a história do tempo presente, a história *"sciences po"*[26] dos intelectuais.

Este é o maior perigo: servir-se da aparente objetivação inscrita no fato de fazer ciências sociais a partir da história social a fim de dar um golpe estratégico no campo das ciências sociais. Converter uma ambição de objetivação em ambição estratégica, converter uma ambição de objetivação para fins clínicos – para me tornar mais compreensível, para que se saiba melhor o que faço e o que é fazer o que faço – numa estratégia de promoção cínica daquele que faz a objetivação aparente, que objetiva na aparência. Para desmontar o "efeito Dosse", seria necessário reler o texto de Louis Marin sobre a historiografia do rei,[27] sobre a relação do historiador com o rei. O historiador tem uma definição social. Ele é visto como o *gatekeeper* [porteiro] da posteridade. É por isso que, entre as identidades que um sociólogo pode assumir, uma das melhores é a de historiador. Se você for ao Banco da França e disser que é sociólogo, será expulso; mas, se você disser que é historiador, aí tudo bem. O historiógrafo é aquele que permite a passagem para a posteridade, que canoniza, que eterniza como o fotógrafo. Assim como Paul Pellisson faz com Luís XIV,[28] podemos utilizar uma aparência de objetivação, de historiografização, como instrumento de promoção de pessoas "historiografadas". Veremos Marcel Gauchet, que é um dos agentes importantes devido a seu peso social no campo das ciências sociais na França, e perguntaremos a ele:

> – O que você acha do estruturalismo hoje?
> – O estruturalismo acabou.

---

25 Dosse, *Histoire du structuralisme*, v.1: Le Champ du signe, 1945-1966; e v.2: Le Chant du cygne, de 1967 à nos jours; id., *L'Histoire en miettes: des* Annales *à la "nouvelle histoire"*.

26 Referência ao Institut d'Études Politiques de Paris. (N. T.)

27 Louis Marin, *Le Portrait du roi*.

28 Paul Pellisson (1624-1693), historiógrafo de Luís XIV, apud ibid.

Estratégia banal no campo literário. Na pesquisa de Jules Huret[29] – jornalista do *Le Figaro* que foi questionar os escritores do final do século passado –, todos os pequenos simbolistas disseram: "O naturalismo acabou". Isso quer dizer: morte para Zola. Isso aí é a estratégia clássica de todos os jovens em relação aos velhos. Em termos de idade, os jovens são imbatíveis. Eles dizem que os velhos são velhos, que estão acabados. Mas há uma antinomia de celebração. A autocelebração não funciona muito bem. Quem disser "Eu sou Napoleão" será colocado em uma cela. Se ele conseguir encontrar outra pessoa que diga que ele é Napoleão, aí as coisas não serão tão ruins. Se a cadeia de celebração for um pouco mais longa, a coisa funciona. Se você conseguir um historiador comissionado – instância neutra que, com um gravador, faça o registro para a posteridade –, ele terá o poder da consagração. E o que ele vai consagrar? Ele vai consagrar uma tomada de posição no campo: Gauchet dirá que o estruturalismo acabou agora, porém, *sub specie æternitatis*.[30] A mesma coisa vale para os dicionários. Os dicionários estão entre os objetos elementares da história social das ciências sociais. Dos primeiros intelectuais até hoje, os dicionários sempre foram instrumentos de consagração, de golpes de Estado no campo. O primeiro objeto são as listas. É preciso olhar para elas não como instrumentos de conhecimento, mas como objetos de conhecimento: o dicionário dos intelectuais, do qual participou um certo número de pessoas aqui que precisam sobreviver. Objetos desse tipo são instrumentos de construção da realidade que só podem ser utilizados cientificamente após uma crítica das suas condições sociais de produção.

Sociologia da sociologia, história da história, história social da história social, história social das ciências sociais: a dificuldade é extrema, pois aquilo que é pensado como estratégia científica sempre

---

29 Huret, *Enquête sur l'évolution littéraire*.

30 Literalmente: do ponto de vista da eternidade. Bourdieu se refere a uma perspectiva fora do tempo histórico. (N. T.)

corre o risco de ser uma estratégia de primeiro grau, uma estratégia social no campo em relação ao qual ela aparentemente assume uma posição científica (estratégia particularmente ambiciosa porque procura revestir com racionalização científica um golpe, no sentido de golpe de Estado, no campo). Dado que a sociologia dos intelectuais conheceu um certo desenvolvimento na França ao longo dos últimos vinte anos, o campo intelectual francês atingiu um grau de perversão particularmente elevado no aspecto que estou estudando. Tornou-se [ainda mais] difícil fazer história social das ciências sociais na França porque, nos campos da produção cultural, um certo número de atores sociais internalizaram um pouquinho de sociologia, e valeram-se disso para um uso cínico. Ou seja, a proliferação de dicionários deve-se ao fato de se tratar de um golpe editorial, mas também ao fato de um certo número de pessoas ter tomado consciência das possibilidades oferecidas pelo "efeito *palmarès*".[31] Nas lutas científicas, há cada vez mais pessoas que se valem do conceito aproximado de paradigma: "meu paradigma!". Eis um possível objeto para reflexão sobre a história social das ciências sociais, os usos práticos – polêmicos – do primeiro grau das ciências sociais nas lutas internas das ciências sociais.

Eu teria gostado de explicar por que a noção de campo nos protege um pouco contra a tentação do uso egoísta, patológico no sentido kantiano, da sociologia ou da história social das ciências sociais. Posso dar este exemplo: na década de 1950, houve duas notáveis tomadas de posição entre os intelectuais. Havia o livro de Raymond Aron, *O ópio dos intelectuais*, e, ao lado dele, havia uma resposta a Aron escrita por Simone de Beauvoir[32] (provavelmente porque o próprio Jean-Paul Sartre não queria fazer isso; trata-se

---

31 O termo *palmarès* designa, em língua francesa, qualquer lista de vencedores que competem por um prêmio, e é utilizado para listas em geral, de eventos esportivos até ranqueamentos de instituições escolares. (N. T.)

32 Aron, *L'Opium des intellectuels*; Beauvoir, "La Pensée de droite, aujourd'hui", em *Privilèges*, p.91-200.

de uma lei cabila: só se responde a um desafio lançado por um homem igual em honra). Assim que você tem a noção de campo, diz para si mesmo: onde eles estão no espaço? São dois pontos de vista no espaço e cada um vê muito bem o ponto de vista do outro. Simone conhece muito bem Raymond e Raymond não conhece mal Simone. O que não significa que o ponto de vista espontâneo visto a partir de um ponto seja a verdade. A noção de campo é um instrumento de ruptura no caso da tendência de ser ingenuamente projetado em sua visão sobre um campo.

[Pergunta inaudível]

PB: Essa é uma pergunta muito boa. Como fazer um discurso não escolástico sobre o *habitus* escolar? "Não escolástico" referindo-se àquele que vai despertar os escolásticos de seu sono escolástico. Como fazer para despertar? Um dos meios é irritar com exemplos. Os cartunistas muitas vezes já possuem ferramentas analíticas. Quando é preciso demolir uma crença, especialmente uma crença dóxica, ou seja, não muito constituída, não expressa, puramente corporal, pela qual vocês estão prontos para morrer porque vocês a têm na pele, quando se trata de tocar essas coisas, reverência, obediência, dominação masculina etc., os instrumentos polêmicos são muito importantes. Graças a muito trabalho, depois de anos, consigo dizer tudo isso, o que eu procurava saber sobre mim, sobre a minha prática desde que comecei a fazer sociologia e etnologia. Tento comunicar pela linguagem, porque é o meu ofício, a minha arte, se é que tenho uma... Tento transmitir não apenas dizendo "veja-me fazer" como faz um instrutor de esqui, tento fazer um pouquinho de explicação, esperando que, pela combinação das duas coisas, isto é, o que eu digo a vocês e o que vocês aprendem na prática lendo os artigos de *Actes de la Recherche en Sciences Sociales*, vendo as pessoas que farão os relatórios de prestação de contas ou, como se costuma dizer no esporte, vou permitir que vocês consigam o que vieram buscar.

Nesses termos, tenho plena consciência de que essa maneira reflexiva explícita e verbalizada é muito decepcionante. Vocês entendem demais e muito pouco. É muito simples, muito parcial. Levei trinta anos para descobrir que, no fundo, disposições são paixões. Um boxeador tem paixão pelo boxe, ele tem o boxe na pele e pode até quebrar o nariz, mas não pode agir de outra maneira, nem fazer outra coisa. Pode-se dizer o mesmo de um matemático.

Comunicar esse tipo de coisa é muito difícil. Porque normalmente isso não é comunicado. São os mestres zen que comunicam coisas assim. Eu me permito dizer essas coisas. Afinal, faço isso com boas intenções, e não com intenção de imposição; muito ao contrário. Há bastante tempo me interesso demais pelas técnicas de ensino dos mestres zen. Eles têm problemas semelhantes. Trata-se de realmente transformar as pessoas. Como você faz para que alguém compreenda algo *verdadeiramente*? Segundo Pascal, é preciso que o autômato compreenda.[33] Todos vocês têm essa experiência, vocês praticaram esportes. É dito a vocês: "Vamos, comecem de novo!", e vocês repetem o erro. Porque o corpo não compreendeu. Tenho questionado instrutores e professores de instrumentos musicais também. Como fazer um corpo compreender o que fazer? Diz-se a um trompista que não se deve empurrar com o ventre, mas é preciso levantar o diafragma. Bem, é preciso ser capaz de falar com um diafragma! E em sociologia é semelhante. Era isso que eu queria dizer com tudo o que eu disse. Temos o social na pele. Ora, queremos estudar o social.

Que direito tenho de me intrometer na singularidade das pessoas? Acho que, na medida em que a sociologia tem como objeto algo que possuímos muito profundamente no corpo, exatamente

---

33 "O costume torna nossas provas mais fortes e mais críveis; ele inclina o autômato, que arrasta o espírito sem que este pense nisso" (Pascal, *Pensées*, n.252, p.123).

Retorno à reflexividade

como o que chamamos de maus hábitos, é preciso fazer uma espécie de trabalho de reeducação corporal.

[Pergunta inaudível]

PB: Essa é a pergunta que precisamos nos fazer: que interesse intelectual? Existem dois tipos de benefícios científicos. Vocês vão ver como construir o objeto, um objeto difícil, o movimento de dezembro.[34] Se vocês trabalharem com Maio de 1968, com um motim na Bulgária etc., poderão transpor. E, ademais, há interesses de conhecimento sobre o sujeito cognoscente, portanto interesses que poderíamos chamar de epistemológicos. É isso com relação ao aspecto científico.

Porém, não haveria, no fato de hoje eu me interessar por isto, determinantes sociais que me escapam? Não correria eu o risco, embora eu me proteja, de me servir da história social das ciências sociais para defender posições ameaçadas ou para impor uma forma de hegemonia absoluta, para ser uma espécie de pensador absoluto que pensou até mesmo o mundo em que nos encontramos? É possível. Tudo isso está ligado à minha trajetória e à minha posição social. Estas são perguntas que precisam ser feitas. Nesses termos, eu disse há pouco que a reflexividade não é uma *cogitatio cogitationis*. É preciso, contudo, acrescentar uma segunda coisa: o sujeito da reflexividade não é Bourdieu, nem X, Y ou Z; é o campo. Isso é muito importante. É isso que os filósofos, que permanecem numa filosofia sempre singular, não compreendem. Como resultado, suspeitam imediatamente que isso só pode ser um golpe de saber absoluto. Há alguns anos escrevi um texto

---

34 Referência ao movimento social de dezembro de 1995, que reuniu mais de um milhão de pessoas contra as reformas "neoliberais" do governo de Alain Juppé. Bourdieu se compromete a favor do movimento que divide profundamente os intelectuais: Bourdieu, *Interventions, 1961-2001: science sociale et action politique*, p.329-85; Duval, *Le "Décembre" des intellectuels français*.

sobre as grandes soluções filosóficas kantiana, hegeliana e heideggeriana para os problemas da história da filosofia.[35] Não seria essa uma forma de reformular o golpe do conhecimento absoluto em sua variante sociológica? Isso só seria verdade se considerássemos que o sujeito da obra sociológica é um ego singular definido por um nome próprio. Na verdade, o campo das ciências sociais é a uma só vez sujeito e objeto da história social das ciências sociais. O trabalho que faremos vai elevar, penso eu, a consciência de si do campo a um nível superior. O campo transformará esse objeto em instrumento e em questão. Todos almejarão ser lutadores nas lutas internas do campo. O instrumento, que poderia ser inspirado no zelo em proteger o produtor do instrumento, pode voltar-se contra o autor do instrumento. Acho que um trabalho como esse irá, por definição, desencadear a crítica, a resposta, a polêmica etc. Então, [será] um progresso, me parece, da consciência e do conhecimento. Acredito profundamente que o tema de nossos pensamentos é um campo. O que não significa que não pensamos nada em primeira pessoa. Somos *habitus* que, em grande parte, são produzidos por um campo e controlados por um campo. Algo decorre do que acabei de dizer: eu gostaria que vocês não fossem passivos, tomadores de notas. A reflexividade deveria funcionar coletivamente. Vocês deveriam ser capazes de intervir ao menos negativamente. Seria importante que o coletivo que aqui se encontra, fortalecido pela elevação de consciência que consegui produzir, interviesse ativamente, ao menos para dizer não... É por isso que me sinto bastante tentado a começar pelo trabalho dos jovens, porque estes são os mais vulneráveis, os mais frágeis. Isso pode dar a vocês coragem para intervir. Ao mesmo tempo, é perigoso para eles. Vou pensar nisso. Se o dispositivo aqui instituído funcionasse, ele seria uma espécie de realização social de um coletivo reflexivo.

---

35 Bourdieu, "Les Sciences sociales et la philosophie", *Actes de la Recherche en Sciences Sociales*, n.47-8, p.45-52, 1983.

Referências bibliográficas

ARON, Raymond. *L'Opium des intellectuels*. Paris: Calmann-Lévy, 1955. [Ed. bras.: *O ópio dos intelectuais*. Trad. Jorge Bastos. São Paulo: Três Estrelas, 2016.]

AUSTIN, John L. *Sense and Sensibilia*. Org. Geoffrey J. Warnock. Londres: Oxford University Press, 1962.

BEAUVOIR, Simone de. La Pensée de droite, aujourd'hui. In: *Privilèges*. Paris: Gallimard, 1955. [Ed. bras.: *O pensamento de direita, hoje*. Rio de Janeiro: Paz e Terra, 1967.]

BECKER, Gary S. *Human Capital*: A Theoretical and Empirical Analysis, with Special Reference to Education. Nova York: National Bureau of Economic Research, 1964.

BOURDIEU, Pierre. Célibat et condition paysanne. *Études Rurales*, n.5-6, p.32-135, 1962.

_____. *Esquisse d'une théorie de la pratique*. Préc. de *Trois études d'ethnologie kabyle*. Paris: Seuil, 2000 [1972]. [Ed. bras.: *Esboço de uma teoria da prática*. Preced. de *Três estudos de etnologia cabila*. Trad. Miguel Serras Pereira. São Paulo: Celta, 2002.]

_____. *Homo academicus*. Paris: Minuit, 1984. [Ed. bras.: *Homo academicus*. Trad. Ione Ribeiro Valle e Nilton Valle. 2.ed. Florianópolis: Ed. UFSC, 2017.]

_____. *Interventions, 1961-2001*: science sociale et action politique. Org. Franck Poupeau e Thierry Discepolo. Marselha; Montreal: Agone; Comeau & Nadeau, 2001.

_____. *Langage et pouvoir symbolique*. Pref. John B. Thompson. Paris: Seuil, 2001.

_____. La Lecture de Marx, ou quelques remarques critiques à propos de "Quelques remarques critiques à propos de *Lire le capital*". *Actes de la Recherche en Sciences Sociales*, n.5-6, p.65-79, 1975.

BOURDIEU, Pierre. (dir.). *La Misère du monde*. Paris: Seuil, 1993. [Ed. bras.: *A miséria do mundo*. Trad. Mateus S. Soares Azevedo et al. 7.ed. Petrópolis: Vozes, 2008.]

_____. L'Ontologie politique de Martin Heidegger. *Actes de la Recherche en Sciences Sociales*, n.5-6, p.109-56, 1975.

_____. *L'Ontologie politique de Martin Heidegger*. Paris: Minuit, 1988. [Ed. bras.: *Ontologia política de Martin Heidegger*. Trad. Lucy Moreira Cesar. Campinas: Papirus, 1989.]

_____. Questions de politique. *Actes de la Recherche en Sciences Sociales*, n.16, p.55-89, 1977.

_____. *Réponses*: pour une anthropologie réflexive. Org. Loïc Wacquant. Paris: Seuil, 1992.

_____. Les Sciences sociales et la philosophie. *Actes de la Recherche en Sciences Sociales*, n.47-48, p.45-52, 1983.

_____. *Le Sens pratique*. Paris: Minuit, 1980. [Ed. bras.: *O senso prático*. Trad. Maria Ferreira. 3.ed. Petrópolis: Vozes, 2013.]

_____. *Sociologie Générale*. v.2: Cours au Collège de France, 1983-1986. Org. Patrick Champagne et al. Paris: Raisons d'Agir; Seuil, 2016.

_____; WACQUANT, Loïc. *Invitation à la sociologie réflexive*. Org. Étienne Ollion. Paris: Seuil, 2014.

DEWEY, John. The Quest for Certainty. In: *The Later Works, 1925-1953*. v.4: 1929. Carbondale: Southern Illinois University Press, 1984.

DOSSE, François. *Histoire du structuralisme*. v.1: Le Champ du signe, 1945-1966. Paris: La Découverte, 1991. [Ed. bras.: *História do estruturalismo*. v.1: O campo do signo, 1945-1966. Trad. Álvaro Cabral. São Paulo: Editora Unesp, 2018.]

_____. *Histoire du structuralisme*. v.2: Le Chant du cygne, de 1967 à nos jours. Paris: La Découverte, 1992. [Ed. bras.: *História do estruturalismo*. v.2: O canto do cisne, de 1967 a nossos dias. Trad. Álvaro Cabral. São Paulo: Editora Unesp, 2018.]

_____. *L'Histoire en miettes*: des *Annales* à la "nouvelle histoire". Paris: La Découverte, 1987. [Ed. bras.: *A história em migalhas*:

dos *Annales* à "nova história". Trad. Dulce Oliveira Amarante Santos. Bauru: Edusc, 2003.]

DUVAL, Julien et al. *Le "Décembre" des intellectuels français*. Paris: Liber; Raisons d'Agir, 2000.

HURET, Jules. *Enquête sur l'évolution littéraire*. Notas e pref. Daniel Grojnowski. Vanves: Thot, 1982.

LÉVI-STRAUSS, Claude. *Les Structures élémentaires de la parenté*. Pref. Emmanuel Désveaux. Paris: Éditions de L'Ehess, 2017 [1949]. [Ed. bras.: *As estruturas elementares do parentesco*. Trad. Mariano Ferreira. 3.ed. Petrópolis: Vozes, 2003.]

MARIN, Louis. *Le Portrait du roi*. Paris: Minuit, 1981.

MERLEAU-PONTY, Maurice. *La Structure du comportement*. Paris: Presses Universitaires de France, 1942. [Ed. bras.: *A estrutura do comportamento*. Trad. Márcia Valéria Martinez de Aguiar. São Paulo: Martins Fontes, 2006.]

_____. *Phénoménologie de la perception*. Paris: Gallimard, 1945. [Ed. bras.: *Fenomenologia da percepção*. Trad. Carlos Alberto Ribeiro de Moura. 3.ed. São Paulo: Martins Fontes, 2006.]

MUEL-DREYFUS, Francine. *Le Métier d'éducateur*: les instituteurs de 1900, les éducateurs spécialisés de 1968. Paris: Minuit, 1983.

PASCAL, Blaise. *Pensées*. Org. Léon Brunschvicg. Paris: Flammarion, 1976. [Ed. bras.: *Pensamentos*. 2.ed. Trad. Mario Laranjeira. São Paulo: Martins Fontes, 2005.]

PLATÃO. *Théétète; Parménide*. Trad. Émile Chambry. Paris: Flammarion, 1991 [1967].

A causa da ciência

Como a história social das ciências sociais pode servir ao progresso dessas ciências (1995)

A história social das ciências sociais não é apenas uma especialidade entre outras. Ela é o instrumento privilegiado da reflexividade crítica, condição imperiosa da lucidez coletiva, bem como da individual. Provavelmente [também] pode servir ao ressentimento e à má-fé quando dela se esperam apenas as satisfações isentas do perigo da indignação e da denúncia retrospectivas, ou os benefícios seguros de uma defesa isenta do risco das boas causas desaparecidas. Porém, ela só encontra sua verdadeira justificação quando consegue trazer à luz os pressupostos que estão inscritos no próprio princípio dos empreendimentos científicos do passado, e quando perpetua, muitas vezes num estado implícito, a herança científica coletiva (problemas, conceitos, métodos ou técnicas).

Somente a anamnese permitida pelo trabalho histórico pode curar a amnésia da gênese que compromete, quase inevitavelmente, a relação rotineira com a herança, convertida, no essencial, em *doxa* disciplinar; por si só, ela é capaz de fornecer a cada pesquisador os meios para que compreendam seus partidos teóricos mais fundamentais, como a adesão, muitas vezes tácita, às teses antropológicas raramente enunciadas que fundamentam as suas grandes escolhas teóricas e metodológicas (notadamente em matéria de filosofia da ação), ou as suas simpatias e antipatias epistemológicas por autores, modas de pensamento e formas de expressão. Ela é o instrumento mais indispensável e mais impiedoso para uma crítica das paixões e dos interesses que podem se esconder sob o exterior impecável da mais rigorosa metodologia.

A ciência social tem o privilégio de tomar como objeto o seu próprio funcionamento e, assim, trazer à consciência os condicionantes que pesam sobre as práticas científicas: ela pode, portanto, servir-se da consciência e do conhecimento que possui acerca de suas funções e de seu funcionamento a fim de tentar remover certos obstáculos ao progresso da consciência e do conhecimento. Longe de arruinar [dessa forma], como já foi dito muitas vezes, os seus próprios fundamentos, ao condenar ao relativismo, tal ciência reflexiva pode, pelo contrário, fornecer os princípios de uma *Realpolitik* científica destinada a assegurar o progresso da razão científica.

A situação ambígua da ciência social

O campo científico é um microcosmo social, parcialmente autônomo em relação às necessidades do macrocosmo no qual está englobado. É, num certo sentido, um mundo social *como os demais* e, assim como o campo econômico, experimenta relações de força e lutas de interesses, coalizões e monopólios, até mesmo imperialismos e nacionalismos. Porém, independentemente do que digam os defensores do "programa robusto" em sociologia da ciência, este é também um *mundo à parte*, dotado de leis de funcionamento próprias. Todas as propriedades que o assemelham a outros campos assumem *formas específicas*: por exemplo, por mais acirrada que seja a competição nele, esse mundo permanece sujeito, se não a regras explícitas, pelo menos a regulações automáticas, como as que resultam do *controle cruzado entre concorrentes* e que têm o efeito de converter interesses sociais, como o apetite de reconhecimento, em "interesses de conhecimento"; a *libido dominandi*, que sempre entra parcialmente na *libido sciendi*, em *libido scientifica*, amor puro pela verdade; e é a esse amor puro pela verdade que a lógica do campo, funcionando como instância de censura e princípio de sublimação, atribui os seus objetivos legítimos e as vias legítimas de alcançá-los. As pulsões sublimadas que definem tal *libido* específica aplicam-se a objetos que são eles próprios altamente purificados e, por mais violentos [que sejam], são inseparáveis, em sua própria existência e na forma como são desfrutados, do reconhecimento prático de exigências inscritas no funcionamento social do campo onde podem encontrar satisfação.

Disso decorre que o rigor dos produtos científicos depende fundamentalmente do rigor dos condicionamentos sociais específicos que regem sua produção; ou, mais precisamente, do grau de independência das regras ou regularidades que governam o microcosmo científico – e que determinam as condições segundo as quais as construções científicas são produzidas, comunicadas, discutidas ou criticadas – em relação ao mundo social, às suas demandas, às suas expectativas ou às suas exigências.

O campo das ciências sociais está em situação muito diferente quando comparado aos demais campos científicos: pelo fato de ter como objeto o mundo social e de pretender produzir uma representação científica dele, cada um dos especialistas concorre não apenas com outros estudiosos, mas também com profissionais da produção simbólica (escritores, políticos, jornalistas) e, em perspectiva mais ampla, com todos os agentes sociais que, apresentando forças simbólicas e êxitos muito desiguais, trabalham para impor uma certa visão do mundo social (utilizam para isso meios que vão de fofocas, insultos, bisbilhotice e calúnias até libelos, panfletos e fóruns abertos, sem mencionar as formas coletivas e institucionalizadas para expressar opinião, como o voto). Essa é uma das razões pelas quais [o pesquisador em ciências sociais] não pode obter tão facilmente, como outros cientistas, o reconhecimento do monopólio do discurso legítimo sobre o seu objeto, que ele reivindica por definição ao reivindicar a cientificidade. Os seus concorrentes externos, mas também por vezes os internos, podem sempre apelar ao senso comum, contra o qual se constrói a representação científica do mundo. Podem até apelar ao modo de validação de opiniões corrente na política (notadamente quando a autonomia do campo político tende a ser anulada pela demagogia populista, que pretende conceder a todos o poder e o direito de tudo julgar).

Assim, do ponto de vista do grau de autonomia relativo aos poderes externos, públicos ou privados, a ciência social se situa a meio caminho entre dois limites: por um lado, os campos científicos mais "puros", como a matemática, em que os produtores não têm outros clientes possíveis a não ser seus concorrentes (que, tendo a mesma aptidão e o mesmo interesse para produzi-los eles próprios, não estão inclinados a aceitar produtos alheios sem exame); por outro, o campo político, o religioso e, até mesmo, o jornalístico, nos quais o juízo dos especialistas encontra-se cada vez mais submisso ao veredicto dos números em todas as suas formas (plebiscito, sondagem, estatísticas de vendas ou classificações), e que concedem às pessoas leigas o poder de escolha entre produtos que elas não necessariamente possuem competência para avaliar (e, menos ainda, de produzir).

Estamos tratando, pois, de duas lógicas completamente opostas: aquela do campo político, no qual a força das ideias depende sempre em parte da força dos grupos que as aceitam como verdadeiras, e a do campo científico que, nos seus estados mais puros, só conhece e reconhece a "força intrínseca da ideia verdadeira", de que falava Baruch de Espinosa: não travamos um debate científico mediante um confronto físico, uma decisão política ou um voto, e a força de um argumento depende em grande medida, especialmente quando o campo é fortemente internacionalizado, da conformidade das proposições ou dos procedimentos perante as regras de coerência lógica e compatibilidade com os fatos. Ao contrário, no campo político, o que triunfa são as proposições que Aristóteles (em *Tópicos*)[1] denomina *endóxicas*, ou seja, aquelas que somos obrigados a aceitar porque as pessoas que nos importam gostariam que tais proposições fossem verdadeiras; e, ainda, porque os números são favoráveis àquele que participa da *doxa* segundo o senso comum, da visão ordinária, que é também a mais difundida e a mais compartilhada. Assim, mesmo quando são perfeitamente contrárias à lógica ou à experiência, essas "ideias-força" são capazes de se impor porque têm a força de um grupo, ainda que não sejam verdadeiras e nem mesmo prováveis, mas *plausíveis* – no sentido etimológico da palavra –, ou seja, adequadas para receberem a aprovação e os aplausos da maioria.[2]

Os dois princípios de hierarquização

Segue-se daí que, tanto no campo das ciências sociais como no campo literário, onde o "puro" e o "comercial" se confrontam, os produtores podem se referir a um desses dois princípios [contrários] de hierarquização e legitimação: o princípio científico e o princípio político, que são reciprocamente opostos e não chegam a impor uma dominação exclusiva. Por exemplo, diferentemente

---

1 Aristóteles, *Organon*, v.5: Les Topiques. (N. E.)

2 A ambiguidade de certas discussões pretensamente científicas realizadas em público surge subitamente quando o público abandona o papel passivo que lhe é atribuído normalmente e passa a manifestar sua aprovação a algum dos debatedores por meio de aplausos mais ou menos sustentados; quanto à violência da intrusão tirânica – no sentido de Pascal – dos leigos, ela irrompe quando um dos participantes recorre ao procedimento retórico que Arthur Schopenhauer considerou tipicamente desleal, a saber, dirigir ao seu adversário um argumento que este último só poderia responder utilizando argumentos incompreensíveis para os espectadores.

do que acontece nos campos científicos mais autônomos (onde ninguém sonharia hoje em afirmar que a Terra não gira), proposições logicamente inconsistentes ou incompatíveis com os fatos podem se perpetuar e até mesmo prosperar, assim como aqueles que as defendem, contanto que sejam dotadas – no interior do próprio campo, mas também em seu exterior – de uma autoridade social adequada para compensar a insuficiência ou insignificância delas. Isso ainda diz respeito a problemas, conceitos ou taxonomias: alguns pesquisadores podem, por exemplo, converter problemas *sociais* em problemas *sociológicos*, importar para o discurso científico conceitos (profissão, papel etc.) ou taxonomias (individual/coletivo, conquista/atribuição [*achievement/ ascription*][3] etc.) retirados diretamente do uso ordinário, tomando como instrumentos de análise noções que são elas próprias passíveis de análise.

É preciso, portanto, questionar os obstáculos sociais – nunca completamente ausentes, nem mesmo nos campos científicos mais autônomos – que se opõem ao estabelecimento do *nomos* científico como critério exclusivo de avaliação das práticas e dos produtos. A raiz comum de todos esses obstáculos à autonomia científica e ao domínio exclusivo do princípio científico de avaliação ou hierarquização é o conjunto de fatores capazes de impedir o jogo da *livre concorrência científica entre pares*, ou seja, entre detentores da habilidade mínima para as conquistas coletivas da ciência social, que é condição para entrada nos debates propriamente científicos. Ou seja, estamos falando daqueles capazes tanto de favorecer a entrada no jogo, seja como jogadores, seja como árbitros (através, por exemplo, de certa crítica jornalística), quanto de barrar os intrusos desprovidos dessa competência, que estariam propensos a introduzir normas

---

3 Par de conceitos do sociólogo Talcott Parsons para distinguir a conquista de uma posição social por esforço do próprio agente (*achievement*) ou por atribuição social (*ascription*). (N. E.)

de produção e avaliação extrínsecas, como aquelas do senso comum ou do "bom senso".

Os conflitos aos quais as ciências sociais dão margem (conflitos estes por vezes invocados a fim de se negar o estatuto científico delas) podem, assim, pertencer a duas categorias completamente diferentes. A primeira é a dos conflitos propriamente científicos, envolvendo aqueles que herdam as conquistas coletivas de sua ciência; estes se opõem segundo a lógica constitutiva da problemática e da metodologia diretamente resultantes da herança; mas a herança também pode uni-los nas lutas por preservá-la ou por superá-la (eles provavelmente nunca são herdeiros tão fiéis como nas rupturas cumulativas com aquilo que herdam, cujas possibilidade e necessidade encontram-se inscritas na própria herança); confrontam-se numa discussão pautada por regras e, no tocante a problemáticas rigorosamente *explicitadas*, utilizam conceitos claramente definidos e métodos de verificação inequívocos. A segunda categoria é a dos conflitos políticos com dimensão científica; conflitos provavelmente inevitáveis do ponto de vista social e analisáveis do ponto de vista científico, envolvendo, de um lado, produtores cientificamente armados, induzidos a enfrentar, do outro, produtores que, por diversas razões, como peso da idade, insuficiência de formação ou desconhecimento dos requisitos mínimos do ofício de pesquisador, são desprovidos dos instrumentos específicos de produção e, ao mesmo tempo, veem-se mais próximos dos leigos e mais capazes de satisfazer às expectativas deles (tal é a base da cumplicidade que se estabelece espontaneamente entre certos pesquisadores em declínio, desvalorizados ou vulneráveis e certos jornalistas que, ignorando problemáticas específicas, reduzem as diferenças de competências a diferenças de opinião – política, religiosa etc. –, as quais se relativizam mutuamente sem dificuldade).[4]

---

4 Os dois princípios de diferenciação não são completamente independentes: as disposições conformistas, que levam à aceitação do mundo tal como é, e

Pierre Bourdieu

Consenso político e conflito científico

No conflito propriamente científico não há nada, nenhum objeto, nenhuma teoria, nenhum fato, que um interdito social possa excluir da discussão, embora não exista uma arma exclusivamente social, nenhum argumento de autoridade, nem sequer um poder simplesmente universitário, que não esteja excluído, de direito e de fato, do universo dos meios passíveis de serem operados na discussão. Segue-se daí que nada está mais longe, apesar das aparências, desse tipo de guerra de todos contra todos, embora rigorosamente regulada, na escolha de armas e golpes legítimos, do que o *working consensus* de uma ortodoxia acadêmica. É uma ortodoxia como essa que, na década de 1960, os sociólogos americanos e, em certa medida, os defensores franceses da "Nova História" tentaram estabelecer; eles se apoiavam em poderes propriamente sociais, a começar pelas instituições de ensino, em locais oficiais de publicação, em associações profissionais e até mesmo no acesso aos recursos necessários à pesquisa empírica.

Embora seja preciso ter cuidado para não ver nisso o princípio determinante de tais construções, o que resta é a indiferença ética e política de um conservadorismo bem-comportado, que podemos experimentar como distanciamento "objetivo" do "observador imparcial" ou como "neutralidade axiológica", podendo ser reconhecida ou realizada apenas em construções teóricas e metodológicas que garantam a respeitabilidade de uma evocação de fraco consenso acerca do mundo social e, de modo mais genérico, em qualquer forma de discurso que, mediante seu for-

---

as disposições refratárias ou rebeldes, que induzem tanto a resistência contra restrições sociais, internas e sobretudo externas, quanto a ruptura com as evidências mais amplamente compartilhadas no campo e fora do campo. É provável que tais disposições não se distribuam ao acaso entre os ocupantes das diferentes posições no campo e em meio às trajetórias que estes percorreram para acessá-lo.

Retorno à reflexividade

malismo, possa falar do mundo social, na lógica da negação, como se não falasse dele, ou então, mediante seu positivismo, tenha a tendência de se acomodar num registro não problemático do dado tal como é dado.[5]

Foi assim que os sociólogos americanos acreditaram ter encontrado nas teorias de Talcott Parsons ou Robert Merton, bem como na metodologia de Paul Lazarsfeld, o corpo unificado de doutrina capaz de fundar a *communis doctorum opinio* de um corpo bem ordenado de "profissionais", *mimetizando* aquilo que se acreditava ser a principal característica de uma ciência digna do nome: o consenso da "comunidade científica".[6] Na verdade, a adesão tácita ao conjunto de pressupostos inquestionáveis sobre os quais repousa a autoridade dos corpos de doutores, teólogos ou juristas, mas também, em parte, de historiadores (em particular,

---

5 Poderíamos mostrar que a economia neoclássica apresenta algumas das principais características de uma ortodoxia que imita a cientificidade (com a eficácia bastante especial que lhe é conferida pela formalização matemática), tais como a aceitação tácita de pressupostos indiscutíveis sobre pontos fundamentais (em matéria de teoria da ação, por exemplo).

6 A teoria das profissões expressa no artigo escrito sob esse título por Talcott Parsons para a *Enciclopédia Internacional de Ciências Sociais* (Parsons, "Professions", em Sills (dir.), *International Encyclopedia of the Social Sciences*, v.12, p.536-46) pode ser lida como uma profissão de fé trabalhista desses "profissionais" que os sociólogos do *establishment* pretendem ser: caracterizados, segundo Parsons, pela formação intelectual e por uma autoridade que se baseia mais na *expertise* do que no poder político, os profissionais estão livres de qualquer dependência no que diz respeito ao Estado e à burocracia governamental, sendo guiados unicamente pela preocupação com o *bem comum*. Essa *orientação coletiva*, esse "desinteresse" e esse "altruísmo", adequados para lhes assegurar as mais elevadas recompensas materiais e simbólicas mencionadas na maioria das definições de profissões, também se encontram na representação mertoniana do universo científico. Em suma, a noção pré-construída de *profissão*, um *ready-made* conceitual que deu origem a inúmeros comentários e críticas, é menos uma descrição de uma realidade social do que uma contribuição prática para a construção da sociologia como *profissão* e como *ofício* científico.

os da literatura, da arte e da filosofia, que são pouco inclinados a historicizar seu *corpus*, isto é, sua fabricação), é diametralmente oposta ao acordo explícito tanto acerca dos objetos e das questões de desacordo quanto dos procedimentos e processos que podem ser utilizados para resolver conflitos; acordo este que está no princípio do funcionamento dos campos científicos.

Com efeito, o *working consensus* de uma ortodoxia fundada na cumplicidade social dos doutores acaba exercendo *censura social* (disfarçada de controle científico) de forma totalmente direta, através de proibições, às vezes explícitas, em matéria de publicação e citação, ou então, mais subterraneamente, através de processos de recrutamento que, por meio da rede de contatos e do *lobby*, privilegiam critérios sociais mais ou menos maquiados como critérios científicos ou acadêmicos, e, assim, tendem a reservar a nomeação nas posições favoráveis à produção – e, por conseguinte, na competição científica – a determinadas categorias de agentes definidos em termos puramente sociais, titulares de certos diplomas de prestígio, ocupantes de certas posições sociais no ensino ou na pesquisa, ou, em perspectiva inversa, tendem a excluir *a priori* certas categorias como mulheres, jovens ou estrangeiros, por exemplo.[7]

---

7 Na falta de exemplos emprestados do campo francês de hoje (aqueles que, em nome do liberalismo, se entregam a práticas dignas dos regimes mais autoritários, seriam, sem dúvida, os primeiros a denunciar como "totalitária" qualquer denúncia dessas práticas), seria preciso citar aqui o trecho inteiro do famoso discurso sobre "a vocação e o ofício de estudioso", no qual Max Weber faz a pergunta, geralmente reservada às conversas privadas, de saber por que as universidades e instituições de pesquisa nem sempre selecionam os melhores: evitando a tentação de atribuir às pessoas, nesse caso "pequenos personagens das faculdades e dos ministérios", a responsabilidade pelo fato de "um número tão grande de pessoas medíocres desempenharem, incontestavelmente, papéis nas universidades", ele nos convida a buscar as razões desse estado de coisas "nas próprias leis da ação articulada dos homens", aquelas que, na eleição de papas ou de presidentes americanos, quase sempre conduzem à seleção do "candidato número dois ou três", concluindo não sem

Mas se elas provavelmente contribuíram muito para o colapso da ortodoxia, as profundas transformações por que passaram as ciências sociais, especialmente sob o efeito do aumento considerável no número daqueles que as praticam e as estudam, tiveram consequências que não são desprovidas por completo de ambiguidade:[8] os efeitos *libertadores* que o aparecimento da pluralidade de princípios com perspectivas concorrentes e a intensificação correlativa da concorrência propriamente científica tiveram como contrapartida, nos diferentes campos nacionais, o fortalecimento de fatores de heteronomia ligados ao aumento da dispersão de "especialistas", o que desfavoreceu a discussão regulada entre pares e, correlativamente, ampliou a vulnerabilidade às pressões, às solicitações e às injunções externas que, como em todos os campos, é particularmente forte entre aqueles menos providos de capital específico.[9]

---

ironia: "O que disso deve nos surpreender não é que menosprezos aconteçam com frequência em tais condições, mas sim que [...] constatamos apesar de tudo um número bem considerável de nomeações justificadas" (Weber, *Le Savant et le politique*, p.66-7).

8 Becker, no capítulo intitulado "What's Happening to Sociology?" de seu livro *Doing Things Together* (p.209), observa que o número de sociólogos listados pela American Sociological Association aumentou de 2.364 em 1950 para 15.567 em 1978. Da mesma forma, na França, verificou-se o aumento, no mesmo período, de aproximadamente duzentos para cerca de mil (a Associação dos Sociólogos, que adota uma definição muito ampla, lista 1.678, tanto no setor público quanto no privado). Para ser mais preciso, em 1949, o CNRS contava apenas com 18 sociólogos; em 1967, esse número chegou a 112, com mais 135 na École Pratique des Hautes Études e 290 nos centros de pesquisa, perfazendo um total de mais de 500; em 1980, havia 261 sociólogos membros apenas do CNRS.

9 As mudanças morfológicas resultantes da abolição do *numerus clausus*, de fato ou de direito, que protege um corpo ao garantir a *raridade* dos seus membros, estão, muitas vezes, na origem direta das transformações nos campos da produção cultural: são, em todo o caso, a mediação específica pela qual são exercidos os efeitos das mudanças econômicas e sociais. Além disso, a forma e a intensidade que assumem e os efeitos que produzem dependem,

Em suma, se o sistema artificialmente unificado e hierárquico da década de 1950 deu lugar a um sistema "policêntrico", como diz Howard Becker, e mais difícil de controlar, por ser fragmentado e diversificado, resta dizer que, tanto nos Estados Unidos quanto na França, o funcionamento do campo permanece ainda mais próximo daquele de um campo artístico em vias de emancipação no que diz respeito às tutelas acadêmicas, no qual cada adversário pode até negar o direito de existir dos outros, do que o de um campo científico avançado.[10] Mais ainda porque, ao menos

---

por sua vez, do estado da estrutura do campo em que ocorrem. Portanto, é preciso rejeitar, como exemplo típico do erro de curto-circuito, a explicação que coloca as mudanças que ocorrem em um campo especializado tal qual o da sociologia diretamente em relação às transformações globais, como a prosperidade que se seguiu à guerra (Wiley, "The Current Interregnum in American Sociology", *Social Research*, v.52, n.1, p.179-207, 1985, em particular p.185), ou, ainda, as mudanças constatadas na sociologia e na história, tanto na França quanto na Alemanha, na década de 1970, com as transformações no clima político por volta de 1968, elas próprias ligadas às mudanças morfológicas em campos de produção especializados e às inovações intelectuais favorecidas ou autorizadas por efeitos dessas mudanças.

10 "Os sociólogos quantitativistas falam com orgulho da sua 'revolução matemática', bem como do seu elevado nível de realização em técnicas estatísticas e, às vezes, incluem no mesmo desprezo todos os outros especialistas, uma simples minoria não quantitativista tão irrisória quanto absurda. Os sociólogos marxistas, com a garantia de que já não estão condenados ao esquecimento, rejeitam o 'positivismo' como o reflexo de uma época histórica ultrapassada. Os sociólogos históricos (que também podem ser marxistas) defendem a unicidade das configurações históricas e a necessidade de enraizar cada objeto no seu verdadeiro lugar em sequências históricas muito bem especificadas. Os etnometodólogos rejeitam a sociologia do 'macrocosmo' como tagarelice desprovida de qualquer justificação: uma espécie particular de estruturalismo – fenomenológico, humanista e parisiense – e outras 'posições' demonstram, com força, requintes filosóficos (e uma boa dose de desprezo pelos seus adversários filosoficamente iletrados), que apenas o seu método permite uma apreensão adequada do mundo social" (Collins, "Is 1980s Sociology in the Doldrums?", *American Journal of Sociology*, v.91, n.6, p.1336-55, 1986, em particular p.1341).

na França, permanecem como imposição, para os especialistas das ciências sociais (sobretudo através da demanda de *"maîtres à penser"*),[11] o modelo literário do "criador" singular e original, livre de qualquer vínculo grupal ou escolar, bem como as normas do chique e da permanente renovação na continuidade, que são as imposições no campo da alta costura e da moda.

Devido à fragilidade dos mecanismos capazes de impor aos participantes um mínimo de reconhecimento mútuo ou, o que dá no mesmo, de obediência a certos tipos de leis da guerra, o confronto entre as diferentes tradições assume ainda, muitas vezes, a forma de uma guerra total (Randall Collins fala de *"guerras de metateorias"*), nas quais todos os golpes são permitidos, desde o golpe de desprezo, que nos permite encurtar a discussão e a refutação, até os golpes de força baseados no recurso a poderes sociais (como supressão de créditos ou postos, censura, difamação, uso de poderes jornalísticos etc.).

Os efeitos ambíguos da internacionalização

Então, quais são os mecanismos que poderiam ajudar a fazer que as relações de força científicas possam ser estabelecidas sem nenhuma intrusão das relações de força sociais? Como podemos trabalhar para abolir ou enfraquecer a dualidade dos princípios de hierarquização que, como pudemos mostrar no caso da França, mantém os pesquisadores mais reconhecidos cientificamente – no próprio país e sobretudo no estrangeiro – à margem das posições de poder associadas, por um lado, à reprodução do corpo de docentes e pesquisadores, e, por outro lado, ao futuro do campo científico e de sua autonomia?[12] Quais as forças e mecanismos so-

---

11 O *maître à penser* dos franceses é um inspirador intelectual, um diretor de pensamento numa determinada área dos saberes acadêmicos. (N. T.)

12 Bourdieu, *Homo academicus*.

ciais que poderiam servir de apoio para estratégias científicas, não apenas individuais, mas sobretudo coletivas, visando realmente instaurar o confronto universal – quero dizer, aquilo que é condição para o avanço rumo ao universal – entre os pesquisadores mais bem providos com os instrumentos mais universais do momento?

Não duvido que a contribuição mais eficaz para o progresso da autonomia científica que poderíamos esperar seja a verdadeira internacionalização do campo das ciências sociais. Com efeito, as pressões de exigência ou condicionamento sociais exercem-se sobretudo em escala nacional, através de todas as solicitações e de todos os incentivos materiais e simbólicos que ocorrem no seio do espaço da nação: pelo fato de muitos dos poderes sociais (jornalístico, universitário, político etc.) que acabam bagunçando ou contaminando a luta científica só existirem e subsistirem em escala nacional (a principal oposição que se observa em todos os campos acadêmico-científicos se estabelece entre os "nacionais", detentores do poder de reprodução, e os "internacionais"), a maior parte das oposições fictícias que dividem os pesquisadores estão enraizadas em divisões locais ou em formas locais das divisões mais gerais.

Nesses termos, o campo das ciências sociais sempre foi internacional, mas sobretudo para pior e raramente para melhor. Em primeiro lugar porque, mesmo nas ciências mais puras, que experimentam, por exemplo, uma concentração quase monopolística de instâncias de publicação e confirmação, o campo internacional pode ser palco de fenômenos de dominação, ou até mesmo de formas específicas de imperialismo. Em segundo lugar porque as trocas – e muito em especial os empréstimos – ocorrem preferencialmente com base em homologias estruturais entre as posições ocupadas em diferentes campos nacionais, ou seja, quase exclusivamente entre os dominantes ou entre os dominados (com efeitos semelhantes de distorção e mal-entendido no interior desses dois subespaços). Tudo nos leva a pensar que os obstáculos sociais ao *livre-comércio generalizado* foram provavelmente reforçados sob o efeito de uma espécie de institucionalização de divisões de base política.

Na década de 1950, alguns dos sociólogos que dominaram a cena durante algum tempo conseguiram constituir uma internacional invisível, fundamentada em afinidades devidas mais à razão social do que à razão intelectual e capaz de servir como base para uma ortodoxia: hoje, sob o efeito do contragolpe dos movimentos estudantis do final da década de 1960 e do trauma coletivo que impuseram, de Berkeley a Berlim, contra toda uma geração de professores, as *conexões* até então informais transformaram-se em redes organizadas em torno de fundações, revistas e associações; o conservadorismo, bom companheiro dos guardiões da ortodoxia, deu lugar, por sua vez, às profissões de fé explícitas e aos *ultramanifestos* de uma verdadeira internacional reacionária.[13]

A novidade é que também existe, embora num estado virtual e desorganizado, uma internacional de *outsiders* composta por todos aqueles que têm em comum a sua marginalidade em relação à corrente dominante, como os membros de movimentos minoritários étnicos ou sexuais. Esses "marginais", muitas vezes recém-chegados, introduzem no campo disposições subversivas e críticas que, embora nem sempre sejam suficientemente criticadas cientificamente, tendem a induzir rupturas com as rotinas do *establishment* acadêmico. Em sua luta contra a ortodoxia, ou contra o que a substituiu aqui ou ali, eles muitas vezes tomam emprestadas armas de movimentos estrangeiros, contribuindo assim para a internacionalização do campo das ciências sociais.[14]

---

13 Essas redes são a base para trocas de serviços (convites, prestações de conta, subsídios) o que significa, por exemplo, que o recurso a juízes internacionais, principalmente em procedimentos de cooptação, nem sempre é uma garantia de universalidade.

14 De maneira geral, as importações fornecem as melhores armas nos conflitos internos dos campos nacionais, sobretudo quando se trata de *desacreditar* uma posição estabelecida, ou de dar credibilidade a uma nova posição, e de acelerar o sempre difícil processo de acumulação inicial, ou seja, de subverter

Contudo, os interesses ligados à posição ocupada no campo de recepção baseiam-se no princípio das distorções na seleção e na percepção do empréstimo, ele próprio estruturado segundo categorias de percepção e apreciação ligadas a uma tradição nacional e, por isso, muitas vezes completamente inadequadas (porque as obras circulam independentemente do seu contexto, trabalhos concebidos para um espaço específico de tomadas de posição serão recebidos tendo por referência categorias de percepção construídas para um espaço completamente diferente, estruturado por outros nomes próprios, outros conceitos escolares com sufixo -ismo, ou, ainda, os mesmos, porém investidos de significados diferentes etc.).

Segue-se daí que a evolução do campo internacional das ciências sociais rumo a uma maior unidade, notavelmente através da internacionalização das lutas de que é palco, longe de contribuir automaticamente para o progresso direcionado a um grau superior de universalização, só pode contribuir para a difusão na escala do universo (para evitar a palavra particularmente viciosa que é "globalização") dos pares de oposições fictícias profundamente funestos para o progresso da ciência: entre métodos quantitativos e métodos qualitativos, entre o macro e o micro, entre abordagens estruturais e abordagens históricas, entre visões hermenêuticas ou internalistas – o "texto" – e visões externalistas – o "contexto" –, entre a visão objetivista, muitas vezes associada ao uso da estatística, e a visão subjetivista, interacionista ou etnometodológica; ou, mais precisamente, entre um estruturalismo objetivista, ligado à apreensão de estruturas objetivas, através de técnicas quantitativas mais ou menos sofisticadas (*path analysis*, *network analysis* etc.), e todas as formas de construtivismo que, de Herbert Blumer a Harold Garfinkel, passando por Erving Goffman, tenta-

---

a hierarquia social vigente e impor novas leis de formação de preços (nas polêmicas, por exemplo, conhecemos o uso que os "cosmopolitas", reais ou supostos, podem fazer da ideia de "atraso" nacional).

ram recapturar, através de métodos considerados qualitativos, a representação do mundo social que os agentes criam e a contribuição que atribuem à sua construção; sem falar na oposição, que assume uma forma especialmente dramática nos Estados Unidos, entre uma "empiria" muitas vezes microfrênica e atravessada por interrogações teóricas fundamentais, e uma "teoria" concebida como especialidade à parte e, no mais das vezes, reduzida a um comentário compilatório de autores canônicos, ou, então, *trend reports* escolares de trabalhos mal lidos e mal digeridos.

Se as instâncias internacionais fossem verdadeiramente o instrumento de racionalização científica que poderiam e deveriam ser, elas teriam que favorecer a condução de uma pesquisa internacional (pelo menos em seu objeto) sobre os determinantes sociais (gênero, idade, origem social, trajetória escolar, estatuto universitário, competência técnica específica etc.) das "escolhas" entre os dois termos das diferentes oposições "teóricas" e "metodológicas" que, do ponto de vista científico, introduzem divisões completamente fictícias na população de pesquisadores. Tal pesquisa mostraria sem dúvida alguma (não corro nenhum risco ao formular esta hipótese aparentemente arriscada) que muitas dessas oposições não têm outro fundamento senão as divisões sociais no campo das ciências sociais, que exprimem, elas próprias, sob uma forma mais ou menos refratada, oposições externas. Também estou ciente de que não corro um risco muito grande ao prever que tenho bem poucas chances de ser ouvido pelos responsáveis dessas instâncias: por que se preocupariam em atribuir funções reais a instâncias que, pelo simples fato de justificarem sua existência, lhes parecem suficientemente justificadas? No entanto, podemos razoavelmente esperar que um jovem pesquisador, revoltado, um dia assuma o projeto e faça descer à terra, na lógica das paixões e dos interesses associados às diferentes posições no campo, as tomadas de posição consideradas "teóricas" ou "epistemológicas" acerca de grandes alternativas do momento, em direção às quais os pesquisadores projetam, de forma direta ou invertida, as deficiências ligadas à sua finitude científica, assim como, segundo Ludwig Feuerbach, fazem os seres humanos com seu Deus.

Porém, o que torna difícil (e realmente arriscada) a crítica desses casais sociais disfarçados de casais epistemológicos é o seguinte fato: considerados do ponto de vista do princípio da diferenciação social, os dois termos (macro/micro, por exemplo) nem de longe se encontram sempre no mesmo plano, e um deles está sempre mais próximo da causa dos dominados (socialmente e também, muitas vezes, cientificamente), não apenas no campo (nomeadamente através das características sociais de seus defensores), mas também fora dele, embora nesse caso o julgamento seja bem mais difícil. Desse modo, o partido propriamente científico rejeita, em seu próprio princípio, a alternativa opositora, o que pode parecer inspiração de alguma espécie de indiferentismo conservador. Resta dizer que nada é mais contrário ao progresso de uma ciência social autônoma do que a tentação do populismo: aqueles que acreditam "servir à causa" dos dominados, isto é, a causa das minorias sexuais ou étnicas (hoje, principalmente nos Estados Unidos) ou a "causa do povo" (na década de 1970, na França), ao deixarem de lado as exigências científicas em nome, por vezes, de seu caráter elitista ou, mais ingenuamente, de sua ligação com os compromissos conservadores, na verdade não estão servindo às causas que acreditam defender e que dizem respeito, pelo menos em parte, à única parte que cabe a um pesquisador, a saber, a *causa da ciência*.

A redução ao "político" arrasta consigo a ignorância da lógica específica dos campos científicos, além de implicar renúncia, para não dizer demissão. Reduzir o pesquisador ao papel de um simples militante, sem outros fins ou meios que não os de um político ordinário, equivale a anulá-lo como estudioso capaz de colocar as insubstituíveis armas da ciência a serviço dos objetivos buscados; capaz, acima de tudo, de fornecer os meios para se compreender, entre outras coisas, os limites que os determinantes sociais das disposições na militância impõem à crítica e à ação militante (muitas vezes restritas a simples inversões das tomadas dominantes de posição e, portanto, facilmente reversíveis – como atestam tantas trajetórias biográficas).[15] Mas, acima de tudo, não devemos mascarar o fato de que as disposições refratárias ou rebeldes, até mesmo revolucionárias, que certos pesquisadores trazem para o campo, e que, como poderíamos acreditar, resultam inevitavelmente em rupturas críticas com a *doxa* e a ortodoxia, também podem favorecer a submissão diante de injunções ou condicionamentos externos, cujos exemplos mais visíveis são as palavras de ordem das instâncias políticas. Tais disposições só podem engendrar as verdadeiras rupturas de uma *revolução específica* quando estão associadas ao domínio das conquistas históricas no campo (num campo científico muito avançado, os revolucionários são necessariamente capitalistas específicos): a consciência e o conhecimento das possibilidades e das impossibilidades inscritas no espaço dos possíveis significam apenas que esse espaço atua como sistema de condicionamentos e censuras, obrigando assim que a pulsão subversiva seja sublimada em ruptura científica e, ao mesmo tempo, como matriz de todas as soluções – e somente destas – passíveis de serem consideradas científicas num determinado período.

Por uma *Realpolitik* científica

Assim, o questionamento das ortodoxias e de todos os princípios de visão e de divisão centrais tem o mérito indiscutível de

---

15 É notável o fato de Michel Foucault, que para todos os movimentos subversivos se tornou, pelo menos nos Estados Unidos, o santo padroeiro invocado ritualmente (mais do que o *maître à penser*), estar sujeito a uma tal redução por parte dos pregadores de restauração (ver Miller, *The Passion of Michel Foucault*, e a crítica de Eribon em *Michel Foucault et ses contemporains*, p.22-30). Estes, porém, apenas invertem a posição daqueles que pretendem canonizar Foucault porque ele era homossexual ao reduzirem todo o seu pensamento à sua homossexualidade (ver Halperin, *Saint Foucault: Two Essays in Gay Hagiography*).

destruir o consenso fictício que enfraquece a discussão, embora ele possa conduzir a uma divisão em campos antagônicos, cada um deles fechado na convicção metateórica da superioridade absoluta de sua visão, diante da qual não é possível se resignar. É preciso, portanto, trabalhar pela construção de instâncias capazes de contrariar as tendências de fissão anômica inscritas na pluralidade dos modos de pensamento, favorecendo assim um confronto de pontos de vista colocados sob o signo da reflexividade. Um ponto de vista que se percebe como tal, isto é, como uma visão relativa a um ponto, a uma posição num campo, está habilitado para ir além da sua particularidade; de modo notável, ele se insere no confronto entre diferenças de visão com base na consciência dos determinantes sociais dessas diferenças.

Porém, não é de uma pregação epistemológica, mesmo que seja armada com uma sociologia reflexiva dos campos de produção, e sim de uma transformação da organização social da produção e da circulação científica e, em particular, das formas de troca nas quais e pelas quais o controle lógico é realizado, que podemos esperar um progresso real da razão científica nas ciências sociais. É aqui que uma *Realpolitik* da razão pode intervir, armada com um conhecimento racional dos mecanismos sociais em funcionamento no campo das ciências sociais, tanto em escala nacional quanto em escala internacional.

Uma política desse feitio pode ter o notável objetivo de fortalecer todos os mecanismos que contribuem para a unificação do campo científico mundial, de modo a favorecer a circulação científica, fazendo frente ao império dos imperialismos teóricos ou metodológicos (ou, simplesmente, linguísticos), e combatendo, pelo recurso sistemático ao método comparativo (e, em particular, pela história comparada das histórias nacionais das disciplinas), o empreendimento das tradições nacionais ou nacionalistas, retraduzidas, na maioria das vezes, como divisões em especialidades e tradições teóricas ou metodológicas, ou, ainda, como problemáticas impostas por particularidades ou particularismos de um mundo social necessariamente provinciano.

A despeito do que pense Jürgen Habermas, é improvável que existam universais trans-históricos de comunicação. Contudo, certamente existem formas de comunicação socialmente instituídas que favoreçem a produção do universal. A lógica, baseada num tópico e numa dialética, inscreve-se numa relação social de discussão com regras. Os lugares (*topoï*) são uma manifestação visível da comunidade de problematizações, do acordo sobre o território dos desacordos, o que é indispensável para a discussão (em vez de realizar monólogos paralelos). É esse espaço de jogo que se trata de constituir, não com base em prescrições ou proscrições morais, e sim pela criação de condições sociais para um confronto racional que tenha em vista o estabelecimento, em escala internacional, não do *working consensus* de uma ortodoxia que se sustenta na cumplicidade em meio aos interesses de poder, mas, se não uma comuna axiomática racional, pelo menos um *working dissensus* baseado no reconhecimento crítico de compatibilidades e incompatibilidades cientificamente (e não socialmente) estabelecidas. Tal espaço de jogo é o lugar da liberdade que a ciência social pode dar-se, aplicando-se resolutamente a fim de conhecer as determinações sociais que pesam sobre o seu funcionamento, esforçando-se por instituir os procedimentos técnicos e os procedimentos sociais que permitam trabalhar eficazmente; ou seja, dito *do ponto de vista coletivo*, a fim de dominá-las.

Referências bibliográficas

ARISTÓTELES. *Organon*. v.5: Les Topiques. Org. e trad. Jules Tricot. Paris: Vrin, 1990.

BECKER, Howard S. What's Happening to Sociology? In: *Doing Things Together*. Evanston: Northwestern University Press, 1986.

BOURDIEU, Pierre. *Homo academicus*. Paris: Minuit, 1988. [Ed. bras.: *Homo academicus*. Trad. Ione Ribeiro Valle e Nilton Valle. 2.ed. Florianópolis: Ed. UFSC, 2017.]

COLLINS, Randall. Is 1980s Sociology in the Doldrums? *American Journal of Sociology*, v.91, n.6, p.1336-55, 1986.

ERIBON, Didier. *Michel Foucault et ses contemporains*. Paris: Fayard, 1994.

HALPERIN, David. *Saint Foucault*: Two Essays in Gay Hagiography. Oxford: Oxford University Press, 1995.

MILLER, James. *The Passion of Michel Foucault*. Nova York: Simon and Schuster, 1993.

PARSONS, Talcott. Professions. In: SILLS, David L. (dir.). *International Encyclopedia of the Social Sciences*. v.12. Nova York: Macmillan and Free Press, 1968.

WEBER, Max. *Le Savant et le politique*. Trad. Julien Freund. Introd. Raymond Aron. Paris: Plon, 1959 [1919]. [Ed. bras.: *Ciência e política*: duas vocações. Trad. Leonidas Hegenberg e Octany Silveira da Mota. 11.ed. São Paulo: Cultrix, 1999.]

WILEY, Norbert. The Current Interregnum in American Sociology. *Social Research*, v.52, n.1, p.179-207, 1985.

Referências biobibliográficas

Pierre Bourdieu (1930-2002)

- 1930: Nascimento em Denguin, 1º de agosto (Pirenéus-Atlânticos).
- 1941-1947: Interno no Liceu de Pau (Pirenéus-Atlânticos).
- 1948-1951: Interno no Liceu Louis-le-Grand em Paris (*hypokhâgne* e *khâgne*).
- 1951-1954: École Normale Supérieure (ENS).
- 1954: Obtenção da *agrégation* de Filosofia.
- 1954: Professor no Liceu de Moulins (Allier).
- 1955-1958: Serviço militar na Argélia.
- 1958: Assistente na faculdade de Letras da Argélia; pesquisas sobre a sociedade tradicional cabila e a colonização. *Sociologie de l'Algérie.*
- 1960: Estudo estatístico em colaboração com os serviços argelinos do Institut National de Statistique et d'Études Économiques (Insee) sobre os trabalhadores no meio urbano.

De volta a Paris, torna-se assistente de Raymond Aron na faculdade de Letras de Paris.

- 1961: Secretário-geral do Centre de Sociologie Européenne (CSE), fundado e dirigido por Raymond Aron na sexta seção da École Pratique des Hautes Études (Ephe); *chargé d'enseignement* na faculdade de Letras de Lille.
- 1963: *Travail et travailleurs en Algérie**.[1]
- 1964: Eleito diretor de estudos na sexta seção da Ephe; lança a coleção "Le Sens commun" nas Éditions de Minuit, que ele dirige até 1992. *Le Déracinement: la crise de l'agriculture traditionnelle en Algérie**; *Les Héritiers: Les Étudiants et la culture**.
- 1965: *Un Art moyen: essai sur les usages sociaux de la photographie**; *Rapport pédagogique et communication**.
- 1966: *L'Amour de l'art: les musées et leur public**; *Le Partage des bénéfices: expansion et inégalités en France**.
- 1968: *Le Métier de sociologue: préalables épistémologiques**.
- 1969: Criação do Centre de Sociologie de l'Éducation et de la Culture du Centre de Sociologie Européenne (CSEC-CSE, equipe autônoma do CSE, reconhecida como unidade independente em 1970).
- 1970: *La Reproduction: éléments pour une théorie du système d'enseignement**.
- 1972: Membro visitante no Institute for Advanced Study em Princeton durante um ano. *Esquisse d'une théorie de la pratique.*
- 1974: Membro da American Academy of Arts and Sciences (Cambridge, Estados Unidos).
- 1975: Lançamento do periódico *Actes de la Recherche en Sciences Sociales*, que dirige até sua morte.
- 1977: *Algérie 60: structures économiques et structures temporelles.*

---

1 Todos os títulos seguidos de um asterisco foram escritos em colaboração.

- 1979: *La Distinction: critique sociale du jugement.*
- 1980: *Le Sens pratique*; *Questions de sociologie.*
- 1981: Eleito no Collège de France como professor titular da cadeira de Sociologia.
- 1982: Aula inaugural do Collège de France proferida em 23 de abril. *Ce que Parler veut dire: l'économie des échanges linguistiques*; *Leçon sur la leçon.*
- 1984: *Homo academicus.*
- 1985: O CSE é associado ao Collège de France; doutor *honoris causa* da Universidade Livre de Berlin. *Propositions pour l'enseignement de l'avenir**, elaboradas pelos professores do Collège de France.
- 1987: *Choses dites.*
- 1988: *L'Ontologie politique de Martin Heidegger.*
- 1989: Lançamento do periódico *Liber* em colaboração com diversos jornais europeus. *Principes pour une réflexion sur les contenus de l'enseignement**, relatório da comissão presidida por Pierre Bourdieu e François Gros, Ministério da Educação Nacional, da Juventude e dos Esportes; *La Noblesse d'État: grandes écoles et esprit de corps.*
- 1992: *Réponses: pour une anthropologie réflexive**; *Les Règles de l'art: genèse et structure du champ littéraire.*
- 1993: Medalha de ouro do Centre National de la Recherche Scientifique (CNRS); membro da Academia Europaea (Cambridge, Reino Unido). *La Misère du monde**.
- 1994: *Liber* torna-se *Revue Internationale des Livres*; *Libre échange**; *Raisons pratiques: sur la théorie de l'action.*
- 1995: Adesão ao movimento social de dezembro de 1995.
- 1996: Doutor *honoris causa* da Universidade Johann Wolfgang Goethe de Frankfurt e da Universidade de Atenas; obtenção do prêmio Erving Goffman da Universidade da Califórnia em

Berkeley; criação da casa editorial Liber-Raisons d'Agir e do coletivo Raisons d'Agir. *Sur la Télévision*.

- 1997: Criação da coleção "Liber" nas Éditions du Seuil; obtenção do prêmio Ernst-Bloch da cidade de Ludwigshafen (Alemanha). *Méditations pascaliennes*; *Les Usages sociaux de la science: pour une Sociologique clinique du champ scientifique* [Ed. bras.: *Os usos sociais da ciência*. Trad. Denice Barbara Catani. São Paulo: Editora Unesp, 2004.]

- 1998: Última publicação de *Liber: Revue Internationale des Livres*; *Contre-feux: propos pour servir à la résistance contre l'invasion néo-libérale*; *La Domination masculine*.

- 1999: Doutor *honoris causa* da Universidade de Joensuu (Finlândia).

- 2000: Medalha Huxley Memorial do Royal Anthropological Institute of Great Britain and Ireland. *Propos sur le Champ politique*; *Les Structures sociales de l'économie*.

- 2001: *Contre-feux 2: pour un mouvement social européen*; *Langage et pouvoir symbolique*; *Science de la science et réflexivité: cours du Collège de France (2000-2001)*.

- 2002: Pierre Bourdieu falece em 23 de janeiro. *Le Bal des célibataires: crise de la société paysanne en Béarn*; *Interventions, 1961-2001: science sociale et action politique*; *Si le Monde social m'est supportable, c'est parce que je peux m'indigner**.

- 2003: *Images d'Algérie: une affinité élective*.

- 2004: *Esquisse pour une auto-analyse*.

- 2008: *Esquisses algériennes*; *La Production de l'idéologie dominante**.

- 2010: *Le Sociologue et l'historien**.

- 2012: *Sur l'État: cours au Collège de France (1989-1992)*.

- 2013: *Manet, une révolution symbolique: cours au Collège de France (1998-2000)*.

- 2014: *Invitation à la sociologie réflexive**.
- 2015-2016: *Sociologie générale: cours au Collège de France (1981-1986), 2v.; Anthropologie économique: cours au Collège de France (1992-1993); La Force du droit: éléments pour une sociologie du champ juridique.*
- 2022: *L'Intérêt au désintéressement; Microcosmes: théorie des champs.*

SOBRE O LIVRO

Formato: 13,7 x 21 cm
Mancha: 25,0 x 39,2 paicas
Tipologia: Adobe Text Pro 11,5/14
Papel: Off-white 80 g/m² (miolo)
Cartão Triplex 250 g/m² (capa)
1ª edição Editora Unesp: 2024

EQUIPE DE REALIZAÇÃO

Edição de texto
Tulio Kawata (Copidesque)
Rita Ferreira (Revisão)

Capa
Marcelo Girard

Editoração eletrônica
Vicente Pimenta

Assitente de produção
Erick Abreu

Assistência editorial
Alberto Bononi
Gabriel Joppert